Anthologie de poésies
et jeux poétiques

CYCLE 2

CYCLE 3

Poésies du monde pour l'École

Michel Coz
Docteur ès lettres

Janine Leclec'h - Lucas
Institutrice

Jean-Claude Lucas
Instituteur

HACHETTE
Éducation

Note de l'éditeur

Nous remercions les auteurs et les éditeurs qui nous ont autorisé à reproduire textes et fragments de textes dont ils gardent l'entier copyright (texte original ou traduction). Nous avons par ailleurs, en vain, recherché les héritiers ou éditeurs de certains auteurs. Leurs œuvres ne sont pas tombées dans le domaine public. Un compte leur est ouvert à nos éditions.

Conception et réalisation de la couverture : atelier G. Finel et Associés
Conception de la maquette intérieure : atelier G. Finel et Associés
Réalisation : C. Bourbon.

ISBN 2.01.11.6145.2

Préface

On considère souvent la poésie comme un genre littéraire qui trouve son achèvement et sa perfection dans la forme du sonnet et la métrique de l'alexandrin. On ne peut cependant la réduire aux seules contraintes d'une expression codifiée, car elle doit s'inscrire aussi dans une dimension plus vaste qui englobe et déborde tout à la fois les constructions poétiques proprement dites.

La langue, en effet, n'a pas pour seule vocation de transmettre un message. Elle peut également se prendre elle-même comme support et objet de référence. Dans ce cas, la signification du message est moins importante que les variantes formelles de son expression. Avec cet usage de la fonction poétique du langage, les mots perdent en quelque sorte leur rôle de transmetteurs d'informations pour apparaître comme un pur matériau sonore, malléable comme l'argile, dont il est alors possible d'exploiter toutes les virtualités esthétiques.

À l'injonction de Verlaine qui réclame que la poésie soit « de la musique avant toutes choses » répond, en écho, l'« aboli bibelot d'inanité sonore » de Mallarmé pour lequel « il doit y avoir toujours énigme en poésie. » C'est bien là reconnaître ce caractère spécifique de la langue qui peut se prêter, comme une matière souple et chatoyante, à toutes les harmoniques qu'un amoureux des mots ne manquera pas d'exploiter. Le risque serait d'identifier la fonction poétique à une forme poétique établie dont la musicalité serait strictement régie par le rythme, les accents, les mesures et la versification : on se priverait ainsi des ressources inattendues du langage, des surprises que la libre association des images, les effets stylistiques et autres combinaisons syntaxiques peuvent provoquer chez le lecteur, suscitant en lui cette émotion que, faute de désignation plus juste, on qualifie d'émotion poétique. Ainsi, la poésie se fait au moins autant avec les mots qu'avec les idées. Le langage peut atteindre alors une dimension magique de création d'un univers, le pouvoir créateur du poète apparaissant ici en pleine lumière, puisque le verbe grec *poiein* signifiant « créer, fabriquer », a donné « poésie » en français.

Nous avons donc choisi de ne fermer aucune porte dans cette sélection de textes qui forment une unique pensée musicale. Une pluralité de formes, de styles et de courants, un très large éventail de pays et d'époques sont ainsi proposés au lecteur, ouvert au bonheur de la rencontre et au plaisir du texte. La véritable poésie doit être susceptible d'établir le rapport le plus étroit entre les formes de son expression et les figures thématiques de la réalité qu'elle exprime.

C'est aussi la raison pour laquelle nous n'avons pas tenu à nous distinguer dans le choix des thèmes qui sont, classiquement, ceux du lyrisme universel : le rapport à la nature et au temps, la relation à l'autre, la célébration de l'amour, l'étrangeté de l'imaginaire, les facéties de l'absurde, etc. Nous avons davantage privilégié le travail du style ou, pour le dire comme Francis Ponge, « la rage de l'expression », cette volonté de rendre l'univers plus sensible dût-elle s'éloigner parfois des canons de la poésie traditionnelle ou emprunter des genres qui, « de droit », ne lui appartiennent pas.

Cet ouvrage est composé de deux parties :

UNE ANTHOLOGIE POÉTIQUE

Elle propose un très vaste choix de textes : près de 500 ! Ces textes s'adressent à des enfants à partir de six ans. Quelques textes peuvent sembler difficiles pour des élèves de l'école primaire, mais nous les avons néanmoins sélectionnés car, outre le fait qu'ils peuvent le plus souvent être étudiés partiellement, ils pourront « ouvrir les portes » d'une réflexion sur certains thèmes éternels ou plus révélateurs de notre époque.

UN LARGE CHOIX DE JEUX POÉTIQUES

Ces 26 jeux permettront à l'enseignant de disposer d'outils qui amèneront ses élèves à devenir, à leur tour, des artisans de la langue qui, par delà leur imaginaire, toucheront à l'émotion que procurent des mots.

Sommaire

Sommaire

Sommaire

Sommaire

Sommaire

Sommaire

Sommaire

Sommaire

PREMIÈRE PARTIE

An THO LOGIE

poétique

Conditions ATmos féeriques

Arc-en-ciel

Un coquelicot et un souci
Se sont pris par la main
Avec un pissenlit,
Puis une pomme verte
Et un bleuet
Et encore une prune
Et un iris violet.
Et sur la prairie,
Ils ont joué à l'arc-en-ciel
Comme dans le ciel.

Anne-Marie Chapouton,
Comptines pour enfants bavards,
coll. « Père Castor »,
Flammarion.

La gelée

Ce matin,
Il y avait
Des milliers
De diamants
Dans les champs.

Les gens ont dit :
« C'est la gelée. »

Mais moi,
Je sais bien
Que c'est la lune
Qui a fait craquer
Tous ses colliers.

Anne-Marie Chapouton,
Comptines pour enfants bavards,
coll. « Père Castor »,
Flammarion.

L'averse

Un arbre tremble sous le vent,
Les volets claquent.
Comme il a plu, l'eau fait des flaques.

Des feuilles volent sous le vent
Qui les disperse.
Et, brusquement, il pleut à verse.

Le jour décroît.
Sur l'horizon qui diminue
je vois la silhouette nue
D'un clocher mince avec sa croix.

Dans le silence,
J'entends la cloche d'un couvent.
Elle s'élève, elle s'élance
Et puis retombe avec le vent.

Un arbre que le vent traverse
Geint doucement
Comme une floue et molle averse
Qui s'enfle et tombe à tout moment.

Francis Carco,
La Bohème et mon cœur,
Albin Michel.

Le livre du ciel

Sur le livre du ciel
Le vent lentement
Tourne les pages.

Le vent raconte les nuages
Et moi,
Je m'allonge en rêvant
Et je regarde les images.

Anne-Marie Chapouton,
Comptines pour enfants bavards,
coll. « Père Castor »,
Flammarion.

Souffle

Il neige
sur mon toit et
sur les arbres
Le mur et le jardin
sont blancs le
sentier noir
Et la maison s'est
écroulée
sans bruit
Il neige

Pierre Reverdy,
La Liberté des mers,
Flammarion.

Le linge et le soleil

Dans le matin frais et charmant
maman étend du linge blanc
et lorsque enfin le jour décline
maman rentre la toile fine.

Bébé demande en la palpant :
– Où donc est l'eau du linge blanc ?
– Le soleil est venu la boire.
– Vraiment, je ne peux pas le croire !
dit Bébé. Personne n'a vu
Monsieur Soleil quand il a bu !

Le lendemain, Bébé transporte
une jatte d'eau près des fleurs ;
puis, caché derrière une porte,
il guette le soleil buveur.

Poème vietnamien de Pham Ho, adapté par Pierre Gamarra,
in *Le Trésor de l'homme,*
D.R.

Le jardin mouillé

La croisée est ouverte ; il pleut
Comme minutieusement,
À petit bruit et peu à peu,
Sur le jardin frais et dormant.

Feuille à feuille, la pluie éveille
L'arbre poudreux qu'elle verdit ;
Au mur, on dirait que la treille
S'étire d'un geste engourdi.

L'herbe frémit, le gravier tiède
Crépite et l'on croirait là-bas
Entendre sur le sable et l'herbe
Comme d'imperceptibles pas.

Le jardin chuchote et tressaille,
Furtif et confidentiel ;
L'averse semble, maille à maille
Tisser la terre avec le ciel.

Il pleut, et, les yeux clos, j'écoute,
De toute sa pluie à la fois,
Le jardin mouillé qui s'égoutte
Dans l'ombre que j'ai faite en moi.

Henri de Régnier,
Les Médailles d'argile,
Mercure de France.

Ma sœur la Pluie...

Ma sœur la Pluie,
La belle et tiède pluie d'été,
Doucement vole, doucement fuit,
À travers les airs mouillés.

Tout son collier de blanches perles
Dans le ciel bleu s'est délié.
Chantez les merles,
Dansez les pies !
Parmi les branches qu'elle plie,
Dansez les fleurs, chantez les nids ;
Tout ce qui vient du ciel est béni.

De ma bouche elle approche
Ses lèvres humides de fraises des bois,
Rit, et me touche,
Partout à la fois,
De ses milliers de petits doigts.

Sur des tapis de fleurs sonores,
De l'aurore jusqu'au soir,
Et du soir jusqu'à l'aurore,
Elle pleut et pleut encore,
Autant qu'elle peut pleuvoir.

Puis, vient le soleil qui essuie,
De ses cheveux d'or,
Les pieds de la Pluie.

Charles Van Lerberghe,
La Chanson d'Ève.

Où est donc passé le feu ?

Où est donc passé le feu ?
Je n'ai pas de cheminée !
Quand l'hiver au gros nez bleu
vient à la fin de l'année,

Quand décembre blanc et noir
vient siffler devant ma porte
et quand la tempête emporte
les arbres au fond du soir,

je m'en vais à ma croisée,
je suis triste un petit peu,
je n'ai pas de cheminée.
Où est donc passé le feu ?

Pierre Gamarra,
Coffret « Tyre lyre 1 »,
La tarte aux pommes,
L'école des loisirs.

La pluie de minuit

La pluie de minuit est bonne ;
Elle donne
Leur duvet rose aux pommes
Et à la fleur du blé,
Qui serait sèche et jaune,
Son velouté.

Elle est tremblante, elle est douce.
Elle descend sur la mousse
Dans la lueur voilée
De la lune mouillée,
Et met sur les prunelles
Une buée
Couleur d'hirondelle.

C'est la pluie de la Saint-Jean ;
Le vieillard qui se réveille
La devine à son bruit d'abeille
Et tout bas redevient enfant.

René Bichet,
Les poèmes du petit B,
D.R.

À Carnac...

À Carnac, le linge qui sèche
Sur les ajoncs et sur les cordes

Retient le plus joyeux
Du soleil et du vent.

Appel peut-être
À la musique.

Guillevic,
« Carnac »,
Sphère,
Gallimard.

LE BROUILLARD

Le brouillard a tout mis
Dans son sac de coton ;
Le brouillard a tout pris
Autour de ma maison.

Plus de fleurs au jardin,
Plus d'arbres dans l'allée ;
La serre du voisin
Semble s'être envolée.

Et je ne sais vraiment
Où peut s'être posé
Le moineau que j'entends
Si tristement crier.

MAURICE CARÊME,
La Lanterne magique,

IL PLEUT

Il pleut des voix de femmes comme si elles étaient mortes même dans le souvenir
c'est vous aussi qu'il pleut merveilleuses rencontres de ma vie ô gouttelettes
et ces nuages cabrés se prennent à hennir tout un univers de villes auriculaires
écoute s'il pleut tandis que le regret et le dédain pleurent une ancienne musique
écoute tomber les liens qui te retiennent en haut et en bas

GUILLAUME APOLLINAIRE,
Calligrammes,
Gallimard.

LA NEIGE TOMBE

Toute blanche dans la nuit brune
La neige tombe en voletant
Ô, pâquerettes ! une à une
Toutes blanches dans la nuit brune

Qui donc là-haut plume la lune ?
Ô frais duvet ! flocons flottants !
Toute blanche dans la nuit brune
La neige tombe en voletant

JEAN RICHEPIN,
La Chanson des gueux.

Il pleut

Averse averse averse averse averse averse
pluie ô pluie ô pluie ô ! ô pluie ô pluie ô pluie !
gouttes d'eau gouttes d'eau gouttes d'eau gouttes d'eau
parapluie ô parapluie ô paraverse ô !
paragouttes d'eau paragouttes d'eau de pluie
capuchons pèlerines et imperméables
que la pluie est humide et que l'eau mouille et mouille !
mouille l'eau mouille l'eau mouille l'eau mouille l'eau
et que c'est agréable agréable agréable
d'avoir les pieds mouillés et les cheveux humides
tout humides d'averse et de pluie et de gouttes
d'eau de pluie et d'averse et sans un paragoutte
pour protéger les pieds et les cheveux mouillés
qui ne vont plus friser qui ne vont plus friser
à cause de l'averse à cause de la pluie
à cause de l'averse et des gouttes de pluie
des gouttes d'eau de pluie et des gouttes d'averse
cheveux désarçonnés cheveux sans parapluie

Raymond Queneau,
Les Ziaux, coll. « Métamorphoses »,
Gallimard.

Vent

Vent qui rit,
Vent qui pleure
Dans la pluie,
Dans les cœurs ;

Vent qui court,
Vent qui luit
Dans les cours,
Dans la nuit ;

Vent qui geint,
Vent qui hèle
Dans les foins,
Dans les prêles ;

Dis-moi, vent
Frivolant,
À quoi sert
Que tu erres

En sifflant
Ce vieil air
Depuis tant,
Tant d'hivers ?

Maurice Carême,
Le Moulin de papier,

Les petits flocons

Cette nuit,
Sans bruit,
Les petits flocons
Se sont enfuis
Comme des oisillons
Hors de leur nid.

Cette nuit,
Sans bruit,
Les petits flocons
Ont butiné
Comme des papillons
Dans le verger.

Cette nuit,
Sans bruit,
Les petits flocons
Se sont ouverts
Comme de fins bourgeons
Fleurs de l'hiver.

Albert Atzenwiller,
Heures claires, heures grises,
Delachaux et Niestlé.

Le vent

Sur la bruyère longue infiniment,
Voici le vent cornant Novembre,
Sur la bruyère, infiniment,
Voici le vent
Qui se déchire et se démembre,
...

Le vent sauvage de Novembre.
...

Le vent rafle, le long de l'eau,
Les feuilles mortes des bouleaux,
Le vent sauvage de Novembre ;
Le vent mord dans les branches,
Des nids d'oiseaux ;
...

Sur la bruyère, infiniment,
Voici le vent hurlant,
Voici le vent cornant Novembre.

Émile Verhaeren,
Les Villages illusoires,
Labor.

Ariettes oubliées

VIII

Dans l'interminable
Ennui de la plaine,
La neige incertaine
Luit comme du sable.

Le ciel est de cuivre
Sans lueur aucune,
On croirait voir vivre
Et mourir la lune.

Comme des nuées
Flottent gris les chênes
Des forêts prochaines
Parmi les buées.

Le ciel est de cuivre
Sans lueur aucune,
On croirait voir vivre
Et mourir la lune.

Corneille poussive
Et vous, les loups maigres,
Par ces bises aigres
Quoi donc vous arrive ?

Dans l'interminable
Ennui de la plaine,
La neige incertaine
Luit comme du sable.

Paul Verlaine,
Romances sans paroles.

Giboulées

La pluie éparpille un bouquet
De perles tièdes et légères.
On entend chanter les bergères
Et les oiseaux dans les bosquets.

Le soleil joue à cache cache
Avec les gros nuages gris.
Les moutons blancs, les veaux, les vaches,
Dans les prés semblent tout surpris.

Et voici que parmi l'ondée,
Comme du fond d'un vrai pastel,
On voit monter, arche irrisée,
Le pont joyeux d'un arc-en-ciel.

Raymond Richard,
À petits pas,
Éditions du Cep beaujolais,
avec l'aimable autorisation
de madame Andrée Richard.

L'Orchidée

D'où vient ce vent au parfum d'orchidées
Pour lui je vais braver le froid du printemps
Trop pauvre pour acheter des fleurs
J'en peins une sur une feuille de papier

D'une vraie fleur solitaire sur sa tige
Nul n'a pitié
Mais celle que j'ai peinte
Ne craint ni le vent froid, ni la pluie oblique.

Ma Kiang Lan, in Paulette Lequeux (éd.),
Poèmes de partout et de toujours,
Armand Colin.

Brumes et pluies

Ô fins d'automne, hivers, printemps trempés de boue,
Endormeuses saisons ! je vous aime et vous loue
D'envelopper ainsi mon cœur et mon cerveau
D'un linceul vaporeux et d'un vague tombeau.

Dans cette grande plaine où l'autan froid se joue,
Où par les longues nuits la girouette s'enroue,
Mon âme mieux qu'au temps du tiède renouveau
Ouvrira largement ses ailes de corbeau.

Rien n'est plus doux au cœur plein de choses funèbres,
Et sur qui dès longtemps descendent les frimas,
Ô blafardes saisons, reines de nos climats,

Que l'aspect permanent de vos pâles ténèbres,
– Si ce n'est, par un soir sans lune, deux à deux,
D'endormir la douleur sur un lit hasardeux.

Charles Baudelaire,
« Spleen et Idéal »,
Les Fleurs du Mal.

Le vent

Le vent de la terre devenant puissant, les montagnes
Seront aplaties et la terre tremblera
En produisant des sons.
Le vent de l'eau agitant l'océan produira
le son des vagues.
Le vent de feu, incendiant les forêts
produira le son des flammes
Les vents contraires, se heurtant en bataille,
produiront le son de l'ouragan
Tous sons causant l'effroi…

Litanie tibétaine (VIIe siècle),
in Paulette Lequeux (éd.), *Poèmes de partout et de toujours,*
Armand Colin.

Ce n'était pas...

Ce n'était pas
Une aile d'oiseau.

C'était une feuille
Qui battait au vent.

Seulement,
Il n'y avait pas de vent.

Guillevic,
« Amulettes »,
Exécutoire,
Gallimard.

Durer

Une rafale une seule
D'horizon à horizon
Et ainsi sur toute la terre
Pour balayer la poussière
Les myriades de feuilles mortes
Pour dépouiller tous les arbres
Pour dévaster les cultures
Pour abattre les oiseaux
Pour éparpiller les vagues
Pour détruire les fumées
Pour rompre l'équilibre
Du soleil le plus chaud
...

Paul Eluard,
« Grand Air »,
Les yeux fertiles,
Gallimard.

Chanson d'hiver

Le soleil est en congé :
Comme il neige ! comme il neige !
Le soleil est en congé
(Joli temps pour voyager !)...
La froidure a délogé
Sous la neige, sous la neige,
La froidure a délogé
Les oiseaux du potager.

Le soleil est en congé :
Comme il neige ! comme il neige !
Le soleil est en congé
(Quelque part à l'étranger ?)...
Quant à moi, flocons légers,
Quand il neige, quand il neige,
Quant à moi, flocons légers,
J'aime à vous voir voltiger.

Le soleil est en congé :
Comme il neige ! comme il neige !
Le soleil est en congé
(S'il n'a pas déménagé !)...
Chacun de s'interroger,
Tant il neige, tant il neige,
Chacun de s'interroger :
Jusqu'à quand va-t-il neiger ?

Jean-Luc Moreau,
« Le carré de l'hypoténuse »,
Poèmes de la souris verte,
Hachette Jeunesse.

Nuages

Nuages,
Visages,
Du vent.

Nuages,
Rivages,
Mouvants.

Nuages,
Mirages,
Vivants.

Nuages,
La plage,
Printemps.

Nuages,
Je nage,
Dedans.

Georges Jean,
Écrit sur la page,
Coll. « Folio Cadet »,
Gallimard Jeunesse.

Le vent de la montagne

Je veux partir, je veux prendre la porte,
Je veux aller
Là où le vent n'a plus de feuilles mortes
À râteler,
Plus haut que l'ombre aux vieilles salles basses
Où le feu roux
Pour la veillée éclaire des mains lasses
Sur les genoux ;

Aller plus haut que le col et l'auberge,
Que ces cantons
Où la pastoure à la cape de serge
Paît ses moutons ;
Que les sentiers où chargés de deux bannes
Sous les fayards,
Le mulet grimpe au gris des feux de fanes
Faisant brouillard ;

Que ces sapins et que ces sombres rampes
Bleu d'aconit,
Où la gentiane enracine ses hampes
Dans les granits ;
Que les burons où dorment sous le chaume
Les pastoureaux ;
Plus haut, plus haut que le pays des hommes
Et des troupeaux !

Henri Pourrat,
Liberté,
Société littéraire de France.

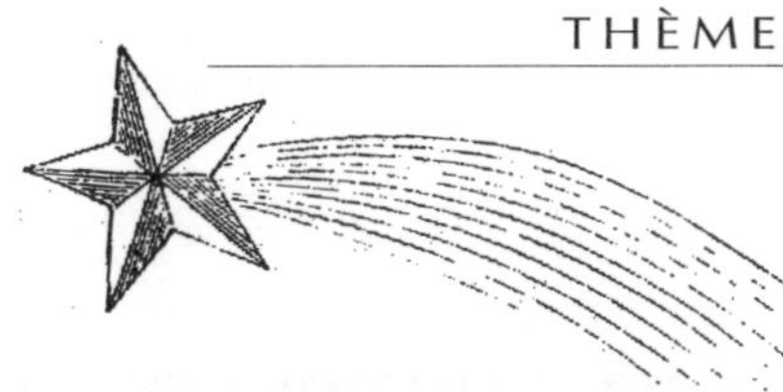

Passages dans les Équinoxes

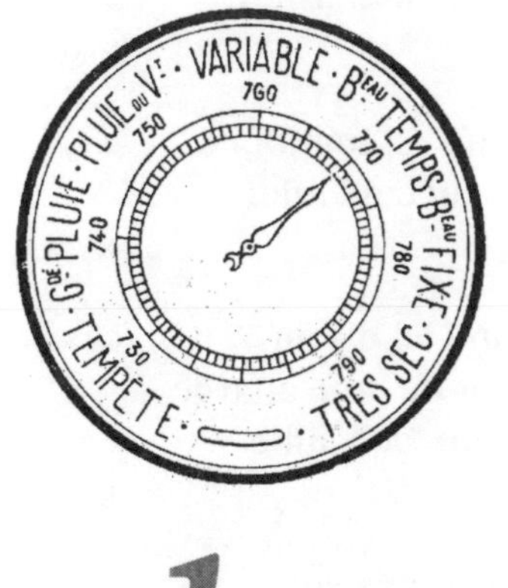

ÉCOUTEZ LA CHANSON BIEN DOUCE...

Écoutez la chanson bien douce
Qui ne pleure que pour vous plaire.
Elle est discrète, elle est légère :
Un frisson d'eau sur de la mousse !

La voix vous fut connue (et chère ?),
Mais à présent elle est voilée
Comme une veuve désolée,
Pourtant comme elle encore fière,

Et dans les longs plis de son voile
Qui palpite aux brises d'automne,
Cache et montre au cœur qui s'étonne
La vérité comme une étoile.

Elle dit, la voix reconnue,
Que la bonté c'est notre vie,
Que de la haine et de l'envie
Rien ne reste, la mort venue.

Elle parle aussi de la gloire
D'être simple sans plus attendre,
Et de noces d'or et du tendre
Bonheur d'une paix sans victoire.
...

PAUL VERLAINE,
Sagesse.

LUNE...

Dans la rue marchande
ah ces odeurs qui se mêlent
lune de l'été

BONCHÔ.

Un moine frileusement
regagne le monastère

BONCHÔ.

La brume est immobile
somnolence de midi

KYORAI.

Dans un ciel d'azur
croissant de lune attardé
aux lueurs de l'aube

KYORAI.

Une rafale de vent
puis les feuilles se reposent

BASHÔ.

L'air est froid il va neiger
sur l'île le vent du nord

FUMIKUNI.

Dans l'herbe touffue
les grenouilles vous font peur
pénombre du soir

BONCHÔ.

NANCY WILSON ROSS,
Le Monde du zen,
trad. Claude Elsen,
Stock.

nts
s
s
nps
ne

Philippe Soupault,
« Westwego »,
Poèmes et Poésies,
Grasset.

nd de sa boîte
caché…
p étroite
irer.

s bruits d'ailes,
t d'air,
uvelles,
t vert.

il déchire
court,
e,
jour ! »

Paul Géraldy,
Les Roseaux,
Mercure de France.

Chanson pour les enfants l'hiver

Dans la nuit de l'hiver
galope un grand homme blanc
galope un grand homme blanc
C'est un bonhomme de neige
avec une pipe en bois
un grand bonhomme de neige
poursuivi par le froid

Il arrive au village
il arrive au village
voyant de la lumière
le voilà rassuré

Dans une petite maison
il entre sans frapper
Dans une petite maison
il entre sans frapper
et pour se réchauffer
et pour se réchauffer
s'assoit sur le poêle rouge
et d'un coup disparaît
ne laissant que sa pipe
au milieu d'une flaque d'eau
ne laissant que sa pipe
et puis son vieux chapeau…

Jacques Prévert,
Histoires,
Gallimard.

Automne

Odeur des pluies de mon enfance
Derniers soleils de la saison !
À sept ans comme il faisait bon
Après d'ennuyeuses vacances,
Se retrouver dans sa maison !

La vieille classe de mon père,
Pleine de guêpes écrasées,
Sentait l'encre, le bois, la craie
Et ces merveilleuses poussières
Amassées par tout un été.

Ô temps charmant des brumes douces,
Des gibiers, des longs vols d'oiseaux,
Le vent souffle sous le préau,
Mais je tiens entre paume et pouce
Une rouge pomme à couteau.

René-Guy Cadou,
Les Amis d'enfance,
Seghers.

L'automne

L'automne, au coin du bois,
Joue de l'harmonica.

Quelle joie chez les feuilles !

Elles valsent au bras
Du vent qui les emporte.

On dit qu'elles sont mortes,
Mais personne n'y croit.

L'automne, au coin du bois,
Joue de l'harmonica.

Maurice Carême,
La Lanterne magique,

Chanson d'automne

Les sanglots longs
Des violons
De l'automne
Blessent mon cœur
D'une langueur
Monotone.

Tout suffocant
Et blême, quand
Sonne l'heure,
Je me souviens
Des jours anciens
Et je pleure ;

Et je m'en vais
Au vent mauvais
Qui m'emporte
Deçà, delà,
Pareil à la
Feuille morte.

Paul Verlaine,
Poèmes saturniens.

SEPTEMBRE

À la fin de septembre les étoiles refroidissent
et il y a dans le pré une odeur de pommes trop mûres
J'aimerais que la mer qui voyage sans cesse
m'écrive une lettre de sel très blanc avec juste une ombre de
mélancolie
où elle me parlerait de pays très lointains et de rivages verts
une lettre pour l'automne Nous la lirions sous la lampe
parce que les journées raccourcissent au moment des
vendanges
et que l'océan est loin malgré le vent qui nous en parle.

J'ai monté des bûches et le petit bois pour allumer du feu
et je regarderai la flamme danser sur tes pommettes

CLAUDE ROY,
À la lisière du temps,
Gallimard.

LA NOUVELLE ANNÉE

Nouvelle année, année nouvelle,
Dis-nous, qu'as-tu sous ton bonnet ?
– J'ai quatre Demoiselles
Toutes grandes et belles
La plus jeune en dentelles,
La seconde en épi,
La cadette est en fruits,
Et la dernière en neige,
Voyez le beau cortège !

Nous chantons, nous dansons
La ronde des saisons

LOUISA PAULIN,
Poèmes,
La revue du Tarn.

LES COLCHIQUES

Le pré est vénéneux mais joli en automne
Les vaches y paissant
Lentement s'empoisonnent
Le colchique couleur de cerne et de lilas
Y fleurit tes yeux sont comme cette fleur-là
Violâtres comme leur cerne et comme cet automne
Et ma vie pour tes yeux lentement s'empoisonne

Les enfants de l'école viennent avec fracas
Vêtus de hoquetons et jouant de l'harmonica
Ils cueillent les colchiques qui sont comme des mères
Filles de leurs filles et sont couleur de tes paupières
Qui battent comme les fleurs battent au vent dément

Le gardien du troupeau chante tout doucement
Tandis que lentes et meuglant les vaches abandonnent
Pour toujours ce grand pré mal fleuri par l'automne

GUILLAUME APOLLINAIRE,
Alcools,
Gallimard.

L'ADIEU

J'ai cueilli ce brin de bruyère
L'automne est morte souviens-t'en
Nous ne nous verrons plus sur terre
Odeur du temps brin de bruyère
Et souviens-toi que je t'attends

GUILLAUME APOLLINAIRE,
Alcools,
Gallimard.

Matin d'octobre

C'est l'heure exquise et matinale
Que rougit un soleil soudain.
À travers la brume automnale
Tombent les feuilles du jardin.

Leur chute est lente. On peut les suivre
Du regard en reconnaissant
Le chêne à sa feuille de cuivre,
L'érable à sa feuille de sang.

Les dernières, les plus rouillées,
Tombent des branches dépouillées ;
Mais ce n'est pas l'hiver encor.

Une blonde lumière arrose
La nature, et, dans l'air tout rose,
On croirait qu'il neige de l'or.

François Coppée,
Le Cahier rouge.

Une histoire à suivre

Après tout ce blanc vient le vert,
Le printemps vient après l'hiver.

Après le grand froid le soleil,
Après la neige vient le nid,
Après le noir vient le réveil,
L'histoire n'est jamais finie.

Après tout ce blanc vient le vert,
Le printemps vient après l'hiver,
Et après la pluie le beau temps.

Claude Roy,
Farandoles et fariboles,

L'été

Silence
silence
l'été
se balance
sur la branche
où l'oiseau
se tait
l'herbe
séchée
tremble
dans l'air
brûlé
silence
silence
l'été
chante
dans
les blés

Anne-Marie Chapouton,
Poèmes petits,
Delagrave.

Dieu est toujours là

…
L'été, la nuit bleue et profonde
S'accouple au jour limpide et clair ;
Le soir est d'or, la plaine est blonde ;
On entend des chansons dans l'air.

L'été, la nature éveillée
Partout se répand en tous sens,
Sur l'arbre en épaisse feuillée,
Sur l'homme en bienfaits caressants.
…

Alors la masure où la mousse
Sur l'humble chaume a débordé
Montre avec une fierté douce
Son vieux mur de roses brodé.

L'aube alors de clartés baignée,
Entrant dans le réduit profond,
Dore la toile d'araignée
Entre les poutres du plafond.
…

Victor Hugo,
Les Voix intérieures.

Avril

Déjà les beaux jours, la poussière,
Un ciel d'azur et de lumière,
Les murs enflammés, les longs soirs ;
Et rien de vert : à peine encore
Un reflet rougeâtre décore
Les grands arbres aux rameaux noirs !

Ce beau temps me pèse et m'ennuie.
Ce n'est qu'après des jours de pluie
Que doit surgir, en un tableau,
Le printemps verdissant et rose ;
Comme une nymphe fraîche éclose,
Qui, souriante, sort de l'eau.

Gérard de Nerval,
« Odelettes »,
Petits châteaux de Bohême.

L'automne

On voit tout le temps, en automne,
Quelque chose qui vous étonne.
C'est une branche tout à coup,
Qui s'effeuille dans votre cou.
C'est un petit arbre tout rouge,
Un, d'une autre couleur encor,
Et puis partout, ces feuilles d'or
Qui tombent sans que rien ne bouge.

Lucie Delarue-Mardrus,
Poèmes mignons pour les enfants,
D.R.

365 HEURES

Jours blancs jours de peine
jours de laine moutons
que l'on pousse et que l'on tond
troupeaux de jours sans haleine

Jours longs comme les cheveux
blancs comme la neige et le feu
cendres et fumées et cendres
escalier qu'il faut descendre

Petits vieux en robe de peine
jours creux comme assiettes vides
quand la faim mord et morfond
vieilles journées et feuilles mortes

La vie passe comme un véhicule
devant les fenêtres fermées
et nous serons bien ridicules
devant nos miroirs brisés

Rions puisque vous demandez
que les jours soient des souvenirs
quand on a perdu la mémoire
et qu'il faut rire et qu'il faut vivre

PHILIPPE SOUPAULT,
« Chansons (1949) »,
Poèmes et Poésies,
Grasset.

PREMIER SOURIRE DU PRINTEMPS

Tandis qu'à leurs œuvres perverses
Les hommes courent haletants,
Mars, qui rit malgré les averses,
Prépare en secret le printemps.

Pour les petites pâquerettes,
Sournoisement, lorsque tout dort,
Il repasse des collerettes
Et cisèle des boutons d'or.

Dans le verger et dans la vigne,
Il s'en va, furtif perruquier,
Avec une houppe de cygne,
Poudrer à frimas l'amandier.

La nature au lit se repose ;
Lui, descend au jardin désert
Et lace les boutons de rose
Dans leur corset de velours vert.

Tout en composant des solfèges,
Qu'aux merles il siffle à mi-voix,
Il sème aux prés des perce-neiges
Et les violettes aux bois.

Sur le cresson de la fontaine
Où le cerf boit, l'oreille au guet,
De sa main cachée il égrène
Les grelots d'argent du muguet.

Sous l'herbe, pour que tu la cueilles,
Il met la fraise au teint vermeil,
Et te tresse un chapeau de feuilles
Pour te garantir du soleil.

Puis, lorsque sa besogne est faite,
Et que son règne va finir,
Au seuil d'Avril tournant la tête,
Il dit : « Printemps, tu peux venir ! »

THÉOPHILE GAUTIER,
Émaux et Camées.

Fantaisie d'hiver

Le nez rouge, la face blême,
Sur un pupitre de glaçons,
L'Hiver exécute son thème
Dans le quatuor des saisons.

Il chante d'une voix peu sûre
Des airs vieillots et chevrotants ;
Son pied glacé bat la mesure
Et la semelle en même temps ;

Et comme Haendel, dont la perruque
Perdait sa farine en tremblant,
Il fait envoler de sa nuque
La neige qui la poudre à blanc.

Théophile Gautier,
Émaux et Camées.

L'hiver et l'été

Hiver, vous n'êtes qu'un vilain.
Été est plaisant et gentil,
En témoin de Mai et d'Avril
Qui l'accompagnent soir et main.

Été revêt champs, bois et fleurs,
De sa livrée de verdure
Et de maintes autres couleurs
Par l'ordonnance de Nature.

Mais, vous, Hiver, trop êtes plein
De neige, vent, pluie et grésil ;
On vous dût bannir en exil.
Sans vous flatter, je parle plain,
Hiver, vous n'êtes qu'un vilain.

Charles d'Orléans,
Ballades et rondeaux.

La mort des oiseaux

Le soir, au coin du feu, j'ai pensé bien des fois
À la mort d'un oiseau, quelque part, dans les bois.
Pendant les tristes jours de l'hiver monotone,
Les pauvres nids déserts, les nids qu'on abandonne,
Se balancent au vent sous le ciel gris de fer.
Oh ! comme les oiseaux doivent mourir l'hiver !
Pourtant, lorsque viendra le temps des violettes,
Nous ne trouverons pas leurs délicats squelettes
Dans le gazon d'avril où nous irons courir.
Est-ce que les oiseaux se cachent pour mourir ?

François Coppée,
Poésies.

Les douze mois

Voici les douze mois :
Ils marchent trois à trois !

Avec son blanc chapeau de neige,
Janvier mène le cortège.

Et Février, sur le même rang,
A honte d'être si peu grand.

À ses côtés, c'est Mars fantasque,
Le nez mouillé par la bourrasque.

Voici les douze mois,
Ils marchent trois à trois !

Admirez Avril qui s'avance,
Son bonnet de fleurs se balance.

Mai joyeux lui donne le bras,
Vêtu de rose et de lilas.

Et juin, les tempes vermeilles,
A des cerises aux oreilles.

Voici les douze mois,
Ils marchent trois à trois !

Sur le chemin sec, Juillet trotte,
Il a du foin dans chaque botte,

Août s'en va couronné de blé
Et par la chaleur accablé.

Et Septembre titube et joue
Avec des grappes sur la joue.

Voici les douze mois,
Ils marchent trois à trois !

Octobre porte sur sa tête
La pomme à cidre et la noisette,

Novembre, dans ses maigres bras,
Tient un tas de vieux échalas,

Et Décembre ferme la marche,
Triste et froid comme un patriarche !

Salut aux douze mois
Qui marchent trois à trois !

Octave Aubert,
Le Livre qui chante,
Fernand Nathan.

En hiver

En Hiver, du feu, du feu,
Et en Été, boire, boire,
C'est de quoi on fait mémoire,
Quand on vient en aucun lieu.

Ce n'est ni bourde, ni jeu,
Qui mon conseil voudra croire :
En Hiver, du feu, du feu,
Et en Été, boire, boire.

...

Charles d'Orléans
Ballades et rondeaux.

Chaleur

Tout luit, tout bleuit, tout bruit ;
Le jour est brûlant comme un fruit
Que le soleil fendille et cuit.

Chaque petite feuille est chaude
Et miroite dans l'air où rôde
Comme un parfum de reine-claude.

Du soleil comme de l'eau pleut
Sur tout le pays jaune et bleu
Qui grésille et oscille un peu.

Un infini plaisir de vivre
S'élance de la forêt ivre,
Des blés roses comme du cuivre.

Anna de Noailles,
L'ombre des jours,
Calmann-Lévy.

Mars

Il tombe encore des grêlons,
Mais on sait bien que c'est pour rire.
Quand les nuages se déchirent,
Le ciel écume de rayons.

Le vent caresse les bourgeons
Si longuement qu'il les fait luire.
Il tombe encore des grêlons,
Mais on sait bien que c'est pour rire.

Les fauvettes et les pinsons
Ont tant de choses à se dire
Que dans les jardins en délire
On oublie les premiers bourdons.
Il tombe encore des grêlons...

Maurice Carême,
La Lanterne magique,
© Fondation Maurice Carême.

Le printemps

Le temps a laissé son manteau
De vent, de froidure et de pluie,
Et s'est vêtu de broderie
De soleil luisant, clair et beau.

Il n'y a bête ni oiseau
Qu'en son jargon ne chante ou crie :
« Le temps a laissé son manteau
De vent, de froidure et de pluie ».

Rivière, fontaine et ruisseau
Portent en livrée jolie
Gouttes d'argent d'orfèvrerie ;
Chacun s'habille de nouveau ;
Le Temps a laissé son manteau.

Charles d'Orléans,
Ballades et rondeaux.

Soleils couchants

Le soleil s'est couché ce soir dans les nuées ;
Demain viendra l'orage, et le soir, et la nuit ;
Puis l'aube, et ses clartés de vapeurs obstruées ;
Puis les nuits, puis les jours, pas du temps qui s'enfuit !

Tous ces jours passeront ; ils passeront en foule
Sur la face des mers, sur la face des monts,
Sur les fleuves d'argent, sur les forêts où roule
Comme un hymne confus des morts que nous aimons.

Et la face des eaux, et le front des montagnes,
Ridés et non vieillis, et les bois toujours verts
S'iront rajeunissant ; le fleuve des campagnes
Prendra sans cesse aux monts le flot qu'il donne aux mers.

Mais moi, sous chaque jour courbant plus bas ma tête,
Je passe, et, refroidi sous ce soleil joyeux,
Je m'en irai bientôt, au milieu de la fête,
Sans que rien manque au monde, immense et radieux !

Victor Hugo,
Feuilles d'automne.

Printemps

Le chaume et la mousse
Verdissent le toit.
La colombe y glousse,
L'hirondelle y boit.
Le bras d'un platane
Et le lierre épais
Couvrent la cabane
D'une ombre de paix.

La rosée en pluie
Brille à tout rameau.
Le rayon essuie
La poussière d'eau.
Le vent, qui secoue
Les vergers flottants,
Fait sur notre joue
Neiger le printemps.

Alphonse de Lamartine,
Harmonies poétiques et religieuses.

AUTOMNE MALADE

Automne malade et adoré
Tu mourras quand l'ouragan soufflera dans les roseraies
Quand il aura neigé
Dans les vergers

Pauvre automne
Meurs en blancheur et en richesse
De neige et de fruits mûrs
Au fond du ciel
Des éperviers planent
Sur les nixes nicettes aux cheveux verts et naines
Qui n'ont jamais aimé

Aux lisières lointaines
Les cerfs ont bramé

Et que j'aime ô saison que j'aime tes rumeurs
Les fruits tombant sans qu'on les cueille
Le vent et la forêt qui pleurent
Toutes leurs larmes en automne feuille à feuille
Les feuilles
Qu'on foule
Un train
Qui roule
La vie
S'écoule

GUILLAUME APOLLINAIRE,
Alcools,
Gallimard.

Chant d'automne

Bientôt nous plongerons dans les froides ténèbres ;
Adieu, vive clarté de nos étés trop courts !
J'entends déjà tomber avec des chocs funèbres
Le bois retentissant sur le pavé des cours.

Tout l'hiver va rentrer dans mon être : colère,
Haine, frissons, horreur, labeur dur et forcé,
Et, comme le soleil dans son enfer polaire,
Mon cœur ne sera plus qu'un bloc rouge et glacé.

J'écoute en frémissant chaque bûche qui tombe ;
L'échafaud qu'on bâtit n'a pas d'écho plus sourd.
Mon esprit est pareil à la tour qui succombe
Sous les coups du bélier infatigable et lourd.

Il me semble, bercé par ce choc monotone,
Qu'on cloue en grande hâte un cercueil quelque part.
Pour qui ? – C'était hier l'été ; voici l'automne !
Ce bruit mystérieux sonne comme un départ.

Charles Baudelaire,
« Spleen et Idéal »,
Les Fleurs du Mal.

L'été dans mon pays

Si tu arrivais, un jour d'été, dans mon pays, au fond d'un jardin que je connais, un jardin noir de verdure et sans fleurs, si tu regardais bleuir, au lointain, une montagne ronde où les cailloux, les papillons et les chardons se teignent du même azur mauve et poussiéreux, tu t'assoirais là, pour n'en plus bouger jusqu'au terme de ta vie.

Si tu suivais, dans mon pays, un petit chemin que je connais, jaune et bordé de digitales d'un rose brûlant, tu croirais gravir le sentier enchanté qui mène hors de la vie... Le chant bondissant de frelons fourrés de velours t'y entraîne et bat à tes oreilles comme le sang même de ton cœur, jusqu'à la forêt, là-haut, où finit le monde...

Colette,
Les Vrilles de la vigne,
Hachette Littératures.

Octobre

Les petits savoyards sont de retour, et déjà leur cri interroge l'écho sonore du quartier ; comme les hirondelles suivent le printemps, ils précèdent l'hiver.

Octobre, le courrier de l'hiver, heurte à la porte de nos demeures. Une pluie intermittente inonde la vitre offusquée, et le vent jonche des feuilles mortes du platane le perron solitaire.

Voici venir les veillées de famille, si délicieuses quand tout au-dehors est neige, verglas et brouillard, et que les jacinthes fleurissent sur la cheminée, à la tiède atmosphère du salon.

Voici venir la Saint-Martin et ses brandons, Noël et ses bougies, le jour de l'an et ses joujoux, les Rois et leur fève, le carnaval et sa marotte.

Et Pasques, enfin, Pasques aux hymnes matinales et joyeuses, Pasques dont les jeunes filles reçoivent la blanche hostie et les œufs rouges !

Alors un peu de cendre aura effacé de nos fronts l'ennui de six mois d'hiver, et les petits savoyards salueront du haut de la colline le hameau natal.

Aloysius Bertrand,
Gaspard de la nuit.

Petit printemps

Petit printemps fantasque,
Qui lance avec humeur
De violentes bourrasques
Sur les arbres en fleurs ;

Petit printemps sauvage
Comme un chat hérissé,
Qui nous crache au visage
De gros flocons glacés ;

Petit printemps boudeur,
Pourquoi faire la moue ?
Laisse les douces fleurs
Refleurir sur ta joue.

Albert Atzenwiller,
Heures claires, heures grises,
Delachaux et Niestlé.

SEPTEMBRE

Septembre, Septembre,
Cueilleur de fruits, teilleur* de chanvre,
Aux clairs matins, aux soirs de sang,
Tu m'apparais
Debout et beau
Sur l'or des feuilles de la forêt,
Au bord de l'eau,
En ta robe de brume et de soie,
Avec ta chevelure qui rougeoie,
D'or, de cuivre, de sang et d'ambre,
Septembre,
Avec l'outre de peau obèse
Qui charge à ton épaule et pèse
Et suinte à ses coutures vermeilles
Où viennent bourdonner les dernières abeilles.
Septembre,
Le vin nouveau fermente et mousse de la tonne
Aux cruches ;
La cave embaume, le grenier ploie ;
La gerbe de l'été cède au cep de l'automne ;
La meule luit des olives qu'elle broie.
Toi, seigneur des pressoirs, des meules et des ruches.

HENRI DE RÉGNIER,
La Sandale ailée,
Mercure de France.

* Le teilleur est celui qui ôte la teille, c'est-à-dire l'écorce du charme.

Le Sud

C'est un endroit qui ressemble à la Louisiane
à l'Italie
Il y a du linge étendu sur la terrasse
et c'est joli.

On dirait le Sud
le temps dure longtemps
et la vie sûrement,
plus d'un million d'années
et toujours en été.

Il y a plein d'enfants qui se roulent sur la pelouse
Il y a plein de chiens
Il y a même un chat, une tortue, des poissons rouges
Il ne manque rien.

On dirait le Sud
le temps dure longtemps
et la vie sûrement,
plus d'un million d'années
et toujours en été.

Un jour ou l'autre il faudra qu'il y ait la guerre
on le sait bien
on n'aime pas ça mais on ne sait pas quoi faire
on dit c'est le destin.

Tant pis pour le Sud
c'était pourtant bien
on aurait pu vivre
plus d'un million d'années
et toujours en été.

Nino Ferrer,

La Nuit au goût du jour

À l'étoile

Pâle étoile du soir, messagère lointaine,
Dont le front sort brillant des voiles du couchant,
De ton palais d'azur, au sein du firmament,
Que regardes-tu dans la plaine ?

La tempête s'éloigne, et les vents sont calmés.
La forêt, qui frémit, pleure sur la bruyère ;
Le phalène doré, dans sa course légère,
Traverse les prés embaumés.
Que cherches-tu sur la terre endormie ?
Mais déjà vers les monts je te vois t'abaisser ;
Tu fuis, en souriant, mélancolique amie,
Et ton tremblant regard est près de s'effacer.
...

Alfred de Musset,
Premières poésies.

Impression fausse

Dame souris trotte,
Noire dans le gris du soir,
Dame souris trotte
Grise dans le noir.
...

Un nuage passe,
Il fait noir comme en un four.
Un nuage passe.
Tiens, le petit jour !

Dame souris trotte,
Rose dans les rayons bleus.
Dame souris trotte
Debout, paresseux !

Paul Verlaine,
« Révérence parler »,
Parallèlement.

Le temps l'horloge

L'autre jour j'écoutais le temps
qui passait dans l'horloge.
Chaînes, battants et rouages
il faisait plus de bruit que cent
au clocher du village
et mon âme en était contente.

J'aime mieux le temps s'il se montre
que s'il passe en nous sans bruit
comme un voleur dans la nuit.

Jean Tardieu,
« Formeries »,
L'accent grave et l'accent aigu,
Gallimard.

BALLADE À LA LUNE

C'était, dans la nuit brune,
Sur le clocher jauni,
La lune,
Comme un point sur un i.

Lune, quel esprit sombre
Promène au bout d'un fil,
Dans l'ombre,
Ta face et ton profil ?

Es-tu l'œil du ciel borgne ?
Quel chérubin cafard
Nous lorgne
Sous ton masque blafard ?
…

Qui t'avait éborgnée
L'autre nuit ? T'étais-tu
Cognée
À quelque arbre pointu ?

Car tu vins, pâle et morne,
Coller sur mes carreaux
Ta corne,
À travers les barreaux.
…

Et qu'il vente ou qu'il neige,
Moi-même, chaque soir,
Que fais-je,
Venant ici m'asseoir ?

Je viens voir à la brune,
Sur le clocher jauni,
La lune
Comme un point sur un i.

ALFRED DE MUSSET,
Premières poésies.

STANCES

Marquise, si mon visage
A quelques traits un peu vieux,
Souvenez-vous qu'à mon âge
Vous ne vaudrez guère mieux.

Le temps aux plus belles choses
Se plaît à faire un affront,
Et saura faner vos roses
Comme il a ridé mon front.
…

PIERRE CORNEILLE,
Poésies choisies.

ÉCOUTE

Écoute les bruits de la nuit
Derrière les fenêtres closes.
On dirait que c'est peu de choses,
Un pas s'en vient, un pas s'enfuit.

Le dernier autobus qui passe,
Quelqu'un qui chante quelque part,
Un avion au fond de l'espace,
Un voisin qui rentre bien tard.

Un chien aboie. Un matou miaule,
On entend glisser un vélo.
La nuit est pleine de paroles
Qui viennent de l'air et de l'eau.

PIERRE GAMARRA,
La tarte aux pommes, coffret « Tire lyre 1 »,
L'école des loisirs.

La lune et le soleil

1

La lune est une orange
Sur un bel oranger,
Une orange qu'un ange
Chaque nuit vient manger,

Une orange qui change,
Qui bientôt, c'est étrange,
N'est plus que la moitié

D'une orange qu'un ange
Sans pitié mange, mange

Jusqu'au dernier quartier.

2

Le soleil, quant à lui,
Même quand il nous cuit,
Le soleil est un fruit :
C'est un gros pamplemousse
Qui tombe avec la nuit,
Qui tombe sur la mousse,
À ce que j'en déduis,
Puisqu'il tombe sans bruit.

Le soleil est un fruit
Qui pousse et qui repousse ;
Le soleil est un fruit,
Même quand il nous fuit ;
Le soleil est un fruit
Qui montre sa frimousse
De bon soleil qui luit
Dès le premier cui-cui.

Jean-Luc Moreau,
« Au pays de Couci-Couça »,
Poèmes de la souris verte,
Hachette Jeunesse.

La nuit longe les murs...

La nuit longe les murs
un silence la suit
et cherche à s'endormir

Une lumière
revient de loin
et cherche une maison
qu'elle a connue

La nuit reprend son souffle
le silence la rejoint
la lumière cherche encore

La nuit s'arrête
le silence s'endort
la lumière s'éteint

Hubert Mingarelli,
Le Secret du funambule,
Coll. « Zanzibar »,
Milan.

Aurai-je le temps de voir la nuit...

Aurai-je le temps de voir la nuit
Aurai-je le temps de voir le jour
Aurai-je le temps de voir la fin du monde
Aurai-je le temps de tout voir
Et d'avoir le temps

Pierre Albert-Birot,
110 gouttes de poésie,
Seghers.

Il fera longtemps clair ce soir…

Il fera longtemps clair ce soir, les jours allongent,
La rumeur du jour vif se disperse et s'enfuit,
Et les arbres, surpris de ne pas voir la nuit,
Demeurent éveillés dans le soir blanc, et songent…

Les marronniers, sur l'air plein d'or et de lourdeur,
Répandent leurs parfums et semblent les étendre :
On n'ose pas marcher ni remuer l'air tendre
De peur de déranger le sommeil des odeurs.

De lointains roulements arrivent de la ville...
La poussière, qu'un peu de brise soulevait,
Quittant l'arbre mouvant et las qu'elle revêt,
Redescend doucement sur les chemins tranquilles.

Nous avons tous les jours l'habitude de voir
Cette route si simple et si souvent suivie,
Et pourtant quelque chose est changé dans la vie,
Nous n'aurons plus jamais notre âme de ce soir…

Anna de Noailles,
Le Cœur innombrable,
Grasset.

La vie passée…

La vie passée est une feuille sèche, craquelée, sans sève ni chlorophylle, criblée de trous, éraillée de déchirures, qui, mise à contre-jour, offre tout au plus le réseau squelettique de ses nervures minces et cassantes. Il faut certains efforts pour lui rendre son aspect charnu et vert de feuille fraîche, pour restituer aux événements ou aux incidents cette plénitude qui comble ceux qui les vivent et les garde d'imaginer autre chose.

Marguerite Yourcenar,
Souvenirs pieux,
Gallimard.

La lune

Douce
Lune,
Tout
Là-haut

Boule
Blonde
Toute
Ronde

Petit
Sou
Petit
Trou
Dans
Le ciel

Anne-Marie Chapouton,
Poèmes petits,
Delagrave.

Harmonie du soir

Voici venir les temps où vibrant sur sa tige
Chaque fleur s'évapore ainsi qu'un encensoir ;
Les sons et les parfums tournent dans l'air du soir ;
Valse mélancolique et langoureux vertige !

Chaque fleur s'évapore ainsi qu'un encensoir ;
Le violon frémit comme un cœur qu'on afflige ;
Valse mélancolique et langoureux vertige !
Le ciel est triste et beau comme un grand reposoir.

Le violon frémit comme un cœur qu'on afflige,
Un cœur tendre, qui hait le néant vaste et noir !
Le ciel est triste et beau comme un grand reposoir ;
Le soleil s'est noyé dans son sang qui se fige.

Un cœur tendre, qui hait le néant vaste et noir,
Du passé lumineux recueille tout vestige !
Le soleil s'est noyé dans son sang qui se fige...
Ton souvenir en moi luit comme un ostensoir !

Charles Baudelaire,
« Spleen et Idéal »,
Les Fleurs du Mal.

L'heure qu'il est

L'horloge marche. Mais sans aiguilles. Elle n'avance ni ne retarde. Temps fractionné, mais à l'insu. Découpé mais dans l'inconnu. Dépisté mais insaisissable. Juste mais injustifié. Les battements si réguliers du balancier font dire : « C'est l'heure. » C'est toujours l'heure. Mais l'heure de quoi ?

Ainsi mon corps, ma mécanique, mon ressort, mon remontoir, mon cadran blanc, mes chiffres noirs n'ont pas d'aiguilles. Et je ne sais, fabriquant l'heure, quelle heure il est.

Robert Mallet,
Les Signes de l'addition,
Gallimard.

De notre temps

Quand notre ciel se fermera
Ce soir
Quand notre ciel se résoudra
Ce soir
Quand les cimes de notre ciel
Se rejoindront
Ma maison aura un toit
Ce soir
Il fera clair dans ma maison
Quelle maison est ma maison
Une maison d'un peu partout
De tous de n'importe qui
Mais les plus douces de mes maisons
Ce soir
Seront celles de mes amis.

Paul Eluard,
Dignes de vivre,
in *œuvres complètes,* tome 1,
La Pléiade, Gallimard.

Petite flamme

Petite flamme t'éteindras-tu ?
– Oui s'il pleut s'il vente

Et s'il fait beau ?
– Le soleil suffit, rien ne brille

Et s'il fait nuit ?
– S'il fait nuit, dort tout le monde
On n'y voit goutte.

Donc à la fin, de toute manière
la petite flamme s'éteint.

Jean Tardieu,
« Formeries »,
L'accent grave et l'accent aigu,
Gallimard.

Aucun lieu

Il n'y a
aucun lieu
ici
ni ailleurs.

Ici n'existe pas.
Ailleurs n'est pas.
Nous n'avons rien
à chercher.
Attendre est vain.

Il faut habiter le temps
multiple,
lui ressembler.

Avec lui comme lui
sans m'arrêter
je passe
disant adieu
jour après jour
aux figures
que la nuit
vertigineuse
emporte.

Jean Tardieu,
« Formeries »,
L'accent grave et l'accent aigu,
Gallimard.

Au clair soleil...

Au clair soleil de la jeunesse,
Pauvre enfant d'été, moi, j'ai cru.
– Est-il sûr qu'un jour tout renaisse,
Après que tout a disparu ?

Pauvre enfant d'été, moi, j'ai cru !
Et tout manque où ma main s'appuie.
– Après que tout a disparu
Je regarde tomber la pluie.
Et tout manque où ma main s'appuie.
Hélas ! les beaux jours ne sont plus.
– Je regarde tomber la pluie...
Vraiment, j'ai vingt ans révolus.

Louisa Siefert,
« Les rayons perdus »,
in Robert Sabatier,
La Poésie du XIXe siècle,
Albin Michel.

La clé des temps

La clé des temps
La clé des vents
La clé des champs
La clé des gens
La clé des songes
Et des éponges
La clé des clés
Le serrurier
En fait assez
Qui vont sur toutes les serrures

N'enfermez pas les confitures

Luc Bérimont,
« Le besoin d'exprimer »,
L'esprit d'enfance,
coll. « Enfance heureuse »,
Les Éditions de l'Atelier/Les Éditions Ouvrières.

La lune blanche

La lune blanche au rire éteint
Glisse dans l'air où rien ne pèse ;
On entend le frisson lointain
D'un long murmure qui s'apaise.

L'heure est si pure qu'on dirait
Que la montagne est transparente
Et que les arbres dilués
Sont les reflets d'une eau dormante.

Cécile Sauvage,
Le Vallon,
Mercure de France.

Tableau de Paris à cinq heures du soir

(sur l'air de la contredanse de la rosière)

En tous lieux la foule
Par torrents s'écoule :
L'un court, l'autre roule ;
Le jour baisse et fuit.

Les affaires cessent,
Les dîners se pressent,
Les tables se dressent,
Il est bientôt nuit.
...

Marc-Antoine Désaugiers.

La lune se couchait

La lune se couchait, pâle,
Sur son édredon d'étoiles.
Le jour riait dans sa barbe
D'herbe longue et de rhubarbe.

Son balai d'or à la main,
Le soleil lavait le monde
À grande eau dans le matin.
La terre rêvait dans l'ombre.

Pas une personne encor
Ne se montrait au-dehors.
Des volets s'ouvraient sans bruit.

Et, seule, une tourterelle
Encore engourdie de nuit
Faisait roucouler le ciel.

Maurice Carême,
Au clair de la lune,
Le livre de poche Jeunesse,
coll. « Fleurs d'encre »,

Ni l'un ni l'autre

Quoi dire, quoi penser ? Le jour
par son insistance à paraître,
avouons-le, avouons-le,
fatigue ses meilleurs amis.

La nuit par contre, sournoise,
à tous nos instants se mélange,
elle bat sous nos paupières
elle rampe autour des objets :
inquiétante ! inquiétante !

Quant à cette chose sans nom
qui n'est ni le jour ni la nuit,
baissez la voix je vous le conseille
mieux vaut n'en point parler ici !

Jean Tardieu,
« Monsieur Monsieur »,
Le fleuve caché,
Gallimard.

La nuit

Elle est venue la nuit de plus loin que la nuit
à pas de vent de loup de fougère et de menthe
voleuse de parfum impure fausse nuit
fille aux cheveux d'écume issus de l'eau dormante

Après l'aube la nuit tisseuse de chansons
s'endort d'un songe lourd d'astres et de méduses
et les jambes mêlées aux fuseaux des saisons
veille sur le repos des étoiles confuses

Sa main laisse glisser les constellations
le sable fabuleux des mondes solitaires
la poussière de Dieu et de sa création
la semence de feu qui féconde les terres.

Mais elle vient la nuit de plus loin que la nuit
à pas de vent de mer de feu de loup de piège
bergère sans troupeaux glaneuse sans épis
aveugle aux lèvres d'or qui marche sur la neige.

Claude Roy,
L'Enfance de l'art,

Nuit africaine

Voici que décline la lune lasse vers son lit de mer étale
Voici que s'assoupissent les éclats de rire, que les conteurs eux-mêmes
Dodelinent de la tête comme l'enfant sur le dos de sa mère
Voici que les pieds des danseurs s'alourdissent, que s'alourdit la langue
des chœurs alternés.

C'est l'heure des étoiles et de la nuit qui songe et
S'accoude à cette colline de nuages, drapée dans son long pagne de lait.
Les toits des cases luisent tendrement. Que disent-ils, si confidentiels,
aux étoiles ?
Dedans le foyer s'éteint dans l'intimité d'odeurs âcres et douces.

Léopold Sédar Senghor,
Chants d'ombre,
Éditions du Seuil.

Chemin tournant

Il y a un terrible gris de poussière dans le temps
Un vent du sud avec de fortes ailes
Les échos sourds de l'eau dans le soir chavirant
Et dans la nuit mouillée qui jaillit du tournant
des voix rugueuses qui se plaignent
Un goût de cendre sur la langue
Un bruit d'orgue dans les sentiers
Le navire du cœur qui tangue
Tous les désastres du métier

Quand les feux du désert s'éteignent un à un
Quand les yeux sont mouillés comme des brins d'herbe
Quand la rosée descend les pieds nus sur les feuilles
Le matin à peine levé
Il y a quelqu'un qui cherche
Une adresse perdue dans le chemin caché
Les astres dérouillés et les fleurs dégringolent
À travers les branches cassées
Et le ruisseau obscur essuie ses lèvres molles à peine
décollées
Quand le pas du marcheur sur le cadran qui compte
règle le mouvement et pousse l'horizon
Tous les cris sont passés tous les temps se rencontrent
Et moi je marche au ciel les yeux dans les rayons
Il y a du bruit pour rien et des noms dans ma tête
Des visages vivants
Tout ce qui s'est passé au monde
Et cette fête
Où j'ai perdu mon temps

Pierre Reverdy,
Sources du vent,
Mercure de France.

BERCEUSE

Dors, dors, petit pinson,
Bien à l'abri dans les buissons.

Dors, dors, petit poisson,
Sur le gravier, dans le cresson.

Dors, dors, petit ourson :
Voici l'hiver et ses glaçons.

Dors, dors, petit garçon :
J'ai mis l'été dans ma chanson.

JEAN-LUC MOREAU,
« Au pays de Couci-Couça »,
Poèmes de la souris verte,
Hachette Jeunesse.

À MOTS COUVERTS

(Sur le ton de la basse médisance.)

Savez-vous la nouvelle ?
– Ma foi non !
– Il paraît...
(mais soyez courageux, attendez-vous au pire !)
il paraît que le Temps par une nuit sans lune...
vous devinez ?
– Hélas, je n'ai que trop compris,
ô Dieux, est-ce possible ?
– Telle est la vérité !
– Quoi, dites-vous, le Temps et la Nuit ?...
– Elle-même !
– C'était donc pour cela que ces deux misérables !
J'aurais dû m'en douter !
– Ce serait beaucoup dire :
tout s'est passé sans bruit
comme un léger frisson pendant un long sommeil.
– Et nous les orphelins, qu'allons-nous devenir ?

JEAN TARDIEU,
« Monsieur Monsieur »,
Le fleuve caché,
Gallimard.

La dame pavot nouvelle épousée

La dame pavot nouvelle
épousée
a demandé à son mari
Quelle est l'année ?
Quel est le mois ?
Quelle est la semaine ?
Quel est le jour ?
Quelle est l'heure ?
Et son mari a répondu
– Nous sommes en l'an 40
nous sommes au mois de
Juillobre
semaine des quatre jeudis
jour de gloire
midi sonné
Belle année, agréable mois,
charmante semaine,
jour merveilleux
Heure délicieuse

Robert Desnos,
« Le parterre d'Hyacinthe »,
Destinée arbitraire,
Gallimard.

L'aurore s'allume...

L'aurore s'allume,
L'ombre épaisse fuit ;
Le rêve et la brume
Vont où va la nuit ;
Paupières et roses
S'ouvrent demi-closes ;
Du réveil des choses
On entend le bruit.

Tout chante et murmure,
Tout parle à la fois,
Fumée et verdure,
Les nids et les toits ;
Le vent parle aux chênes,
L'eau parle aux fontaines ;
Toutes les haleines
Deviennent des voix !
...

Victor Hugo,
Les Chants du crépuscule.

Il y a beau temps...

Il y a beau temps que le soir est tombé
Il y a beau soir que le ciel est plombé
Il y a beau ciel qu'est partie la lumière,
Il y a beau jour qu'est tarie la rivière.

Voici cet oiseau passer bas sous la nue
Il faut partir et rentrer dans le noir
Il n'est plus temps de chanter dans la rue
Il est trop tard pour causer dans le soir.

Les arbres dorment comme un corps inerte,
Un papillon se hâte vers sa perte.
Seul, sans recours, il faut fermer les yeux
Et tout au fond du noir creuser vers Dieu.

Jean-Paul de Dadelsen,
Jonas,
Gallimard.

TANT DE TEMPS

Le temps qui passe
le temps qui ne passe pas
le temps qu'on tue
le temps de compter jusqu'à dix
le temps qu'on n'a pas
le temps qu'il fait
le temps de s'ennuyer
le temps de rêver
le temps de l'agonie
le temps qu'on perd
le temps d'aimer
le temps des cerises
le mauvais temps
et le bon et le beau et le froid et le temps chaud
le temps de se retourner
le temps des adieux
le temps qu'il est bien temps
le temps qui n'est même pas
le temps de cligner de l'œil
le temps relatif
le temps de boire un coup
le temps d'attendre
le temps du bon bout
le temps de mourir
le temps qui ne se mesure pas
le temps de crier gare
le temps mort
et puis l'éternité

PHILIPPE SOUPAULT,
Sans phrase,
D.R.

LA LUNE BLANCHE…

La lune blanche
Luit dans les bois ;
De chaque branche
Part une voix
Sous la ramée…

Ô bien-aimée.

L'étang reflète,
Profond miroir,
La silhouette
Du saule noir
Où le vent pleure…

Rêvons, c'est l'heure.

Un vaste et tendre
Apaisement
Semble descendre
Du firmament
Que l'astre irise…

C'est l'heure exquise.

PAUL VERLAINE,
La Bonne Chanson.

la Mer, *la* Mer

toujours

recommencée...

Le soleil, la mer...

Le soleil, la mer,
Lequel de vous deux
Prétend calmer l'autre,

Au moyen de quoi ?

Vous voulez vous battre
Et vous n'arrivez à vous rencontrer
Que pour vous frôler.
...

Guillevic,
« Carnac »,
Sphère,
Gallimard.

Plongée

Au soleil la mer est douce
comme un écran de satin
à sa surface je me pousse
nageant comme un poussin

mais le poussin gagne ses ailes
et le poussin devient poisson
et je m'envole hirondelle
vers les rochers au plus profond
...

Raymond Queneau,
Fendre les flots,
Gallimard.

Le gardien du phare aime trop les oiseaux

Des oiseaux par milliers volent vers les feux
par milliers ils tombent par milliers ils se cognent
par milliers aveuglés par milliers assommés
par milliers ils meurent

Le gardien ne peut supporter des choses pareilles
les oiseaux il les aime trop
alors il dit Tant pis je m'en fous !

Et il éteint tout

Au loin un cargo fait naufrage
un cargo venant des îles
un cargo chargé d'oiseaux
des milliers d'oiseaux des îles
des milliers d'oiseaux noyés.

Jacques Prévert,
Histoires,
Gallimard.

L'escale

C'est d'abord un bouton de rose sur la mer
Et qui s'ouvre en pétales,
Rare fleur au jardin de l'horizon désert,
Escale !

Je suis las de n'avoir pour compagnons de route
Que des nuages gris changeant à tout moment,
Je suis triste de vingt jours de mer et de doute
Sur le navire obscur qui n'a pas de printemps...

Penché sur le soleil incliné des tropiques,
Je cultive les fleurs légères des couchants,
Mais, jardinier leurré de plantes chimériques,
Je les vois se faner sous la nuit ou le vent.

Escales des matins argentines et fraîches,
Ô fruits salins mûris par les soleils des mers,
Je veux mordre aux douceurs vivaces de vos chairs
Vous qui de loin avez le duvet bleu des pêches.

Je ne vois rien encore à l'horizon figé
Dans le cercle marin que nul phare ne troue,
Mais mon cœur devançant tout ce morne trajet
A déjà vu trembler Santa Cruz à la proue...

Jules Supervielle,
Poèmes, Impressions de haute mer,
Gallimard.

Marine

L'Océan sonore
Palpite sous l'œil
De la lune en deuil
Et palpite encore,

Tandis qu'un éclair
Brutal et sinistre
Fend le ciel de bistre
D'un long zigzag clair,

Et que chaque lame
En bonds convulsifs
Le long des récifs
Va, vient, luit et clame,

Et qu'au firmament,
Où l'ouragan erre,
Rugit le tonnerre
Formidablement.

Paul Verlaine,
« Eaux fortes »,
Poèmes saturniens.

Quand nous nous réveillons tous...

Quand nous nous réveillons tous
D'un sommeil profond
D'une longue nuit,
Combien est doux le bruit des vagues
Sur lesquelles vogue un bateau.

Prince Shotoku,
Japon, VIIe siècle.

La Mer secrète

Quand nul ne la regarde,
La mer n'est plus la mer,
Elle est ce que nous sommes
Lorsque nul ne nous voit.
Elle a d'autres poissons,
D'autres vagues aussi.
C'est la mer pour la mer
Et pour ceux qui en rêvent
Comme je fais ici.

Jules Supervielle,
« Fable », *La Fable du monde,*
Gallimard.

Mer

La mer écrit un poisson bleu,
efface un poisson gris.
La mer écrit un croiseur qui prend feu,
efface un croiseur mal écrit.
Poète plus que les poètes,
musicienne plus que les musiciennes,
elle est mon interprète,
la mer ancienne,
la mer future,
porteuse de pétales,
porteuse de fourrure.
Elle s'installe
au fond de moi : la mer écrit un soleil vert,
efface un soleil mauve.
La mer écrit un soleil entrouvert
sur mille requins qui se sauvent.

Alain Bosquet,
« Deuxième testament »,
Poèmes, un,
Gallimard.

Méditation grisâtre

Sous le ciel pluvieux noyé de brumes sales,
Devant l'Océan blême, assis sur un îlot,
Seul, loin de tout, je songe, au clapotis du flot,
Dans le concert hurlant des mourantes rafales.

Crinière échevelée ainsi que des cavales,
Les vagues se tordant arrivent au galop
Et croulent à mes pieds avec de longs sanglots
Qu'emporte la tourmente aux haleines brutales.

Partout le grand ciel gris, le brouillard et la mer,
Rien que l'affolement des vents balayant l'air ;
Plus d'heures, plus d'humains, et solitaire, morne,

Je reste là, perdu dans l'horizon lointain
Et songe que l'Espace est sans borne, sans borne,
Et que le temps n'aura jamais... jamais de fin.

Jules Laforgue,
Premiers poèmes.

Ici la mer

Je suis la mer. On me connaît. Je suis salée. Je suis bleue quand le ciel est bleu, verte quand le ciel est... vert. Si vous me préférez rouge, je suis la mer Rouge. Noire, je suis la mer Noire. Jaune. De corail. Etc.

Je vous ai tous vus sur mes plages, tous, avec vos pâtés de sable, vos cannes à lancer, vos huiles à bronzer, vos filets à crevettes.

Je suis la mer, *la mère Noël*, ah ah ! La mer !

Pendant que vous dormez, je cache dans les rochers les étoiles roses et les petits crabes que vous trouverez au matin. Je vous lèche les pieds de mes cent mille langues de teckel.

Mais je peux être le grand vent, j'emporte les chapeaux !

Mais je peux être la tempête, j'emporte les bateaux, fais claquer les drapeaux ! Il ne faut jamais oublier qui je suis.

René Fallet,
Bulle ou la voix de l'océan,
Denoël.

Apparition

Le galop de la houle écume à l'horizon.
Regarde. La voici qui vient. Les vagues sont
Farouches et le vent dur qui les fouette rue
Leur troupe furieuse et leur foule bourrue.
Regarde. Celle-ci s'abat, et vois cette autre
Derrière elle qui, fourbe et hargneuse et plus haute,
Lui passe sur la croupe et la franchit d'un bond
Et se brise à son tour, tandis qu'un éperon
Invisible, aux deux flancs de celle qui la suit,
La dresse hennissante et l'effondre en un bruit
De vent qui s'époumone et d'eau qui boue et fume.
Ô poitrails de tempête et crinières d'écume !
J'ai regardé longtemps, debout au vent amer,
Cette course sans fin des chevaux de la mer
Et j'attends que l'un d'eux hors de l'onde mouvante
Sorte et, soudain ouvrant ses ailes ruisselantes,
M'offre, pour que du poing je le saisisse aux crins,
L'écumeux cabrement du Pégase marin.

Henri de Régnier,
Les Médailles d'argile,
Mercure de France.

Le cimetière marin

Ce toit tranquille, où marchent des colombes,
Entre les pins palpite, entre les tombes ;
Midi le juste y compose de feux
La mer, la mer, toujours recommencée !
Ô récompense après une pensée
Q'un long regard sur le calme des dieux !

Quel pur travail de fins éclairs consume
Maint diamant d'imperceptible écume,
Et quelle paix semble se concevoir !
Quand sur l'abîme un soleil se repose,
Ouvrages purs d'une éternelle cause,
Le Temps scintille et le Songe est savoir.
…

Paul Valéry,
Le cimetière marin,
Gallimard.

Aller chercher au fond des mers…

Aller chercher au fond des mers les trésors piratés
aller chercher au fond des mers les perles noires immenses
aller chercher au fond des mers les algues enrichissantes
aller chercher au fond des mers les coquillages contournés

aller chercher au fond des mers les rares substances
aller chercher au fond des mers les poussières balayées
aller chercher au fond des mers les feuilles volantes
aller chercher au fond des mers l'eau des fleuves asséchés

aller chercher au fond des mers les raretés lyriques
aller chercher au fond des mers les mots hyperboliques
aller chercher au fond des mers les débris des saisons

aller chercher au fond des mers les monstres épiques
aller chercher au fond des mers les secrets clastiques
c'est ce qu'on peut faire en vain ou bien avec raison

Raymond Queneau,
Fendre les flots,
Gallimard.

La jetée

Depuis un mois que j'habitais Honfleur, je n'avais pas encore vu la mer, car le médecin me faisait garder la chambre.

Mais hier soir, lassé d'un tel isolement, je construisis, profitant du brouillard, une jetée jusqu'à la mer.

Puis, tout au bout, laissant pendre mes jambes, je regardai la mer, sous moi, qui respirait profondément.

Un murmure vint de droite. C'était un homme assis comme moi les jambes ballantes et qui regardait la mer. « À présent, dit-il, que je suis vieux, je vais en retirer tout ce que j'y ai mis depuis des années. » Il se mit à tirer en se servant de poulies.

Et il sortit des richesses en abondance. Il en tirait des capitaines d'autres âges en grand uniforme, des caisses cloutées de toutes sortes de choses précieuses et des femmes habillées richement mais comme elles ne s'habillent plus. Et chaque être ou chose qu'il amenait à la surface, il le regardait attentivement avec grand espoir, puis sans mot dire, tandis que son regard s'éteignait, il poussait ça derrière lui. Nous remplîmes ainsi toute l'estacade. Ce qu'il y avait, je ne m'en souviens pas au juste, car je n'ai pas de mémoire, mais visiblement ce n'était pas satisfaisant, quelque chose en tout était perdu, qu'il espérait retrouver et qui s'était fané.

Alors, il se mit à rejeter tout à la mer.

Un long ruban ce qui tomba et qui, vous mouillant, vous glaçait.

Un dernier débris qu'il poussait l'entraîna lui-même.

Quant à moi, grelottant de fièvre, comment je pus regagner mon lit, je me le demande.

Henri Michaux,
L'Espace du dedans,
Gallimard.

Des profondeurs marines

Des profondeurs marines, remontent
Comme des bulles de savon
Les âmes roses des sous-mariniers.
Sous-marin, sous-main, buvard en papier,
Cocotte et sou percé ! Buvard, tu bois la mer
sans fond ni phare,
Buvard ivrogne à l'œil cerné, buvard
Soiffard. L'âme des gentils sous-mariniers
Éclate à l'air libre. Clac ! C'est saint Pierre
entre le pouce et l'index
Ou les poissons volants, ou bien Neptune, allez
savoir…
Le capitaine Nemo s'en fiche ;
Et les terriens, les ensablés, les mollusques...
Sous-marin, sous-main, papier buvard, papier mâché
Comme la mine d'un écrivain :

Papier bavard.

BERNARD BARITAUD,
in Michel Cosem, *Au pays des mille mots,*
Éditions Milan.

Mer montante

Le soleil semble un phare à feux fixes et blancs.
Du Raz jusqu'à Penmarc'h la côte entière fume,
Et seuls, contre le vent qui rebrousse leur plume,
À travers la tempête errent les goélands.

L'une après l'autre, avec de furieux élans,
Les lames glauques sous leur crinière d'écume,
Dans un tonnerre sourd s'éparpillant en brume,
Empanachent au loin les récifs ruisselants.

Et j'ai laissé courir le flot de ma pensée,
Rêves, espoirs, regrets de force dépensée,
Sans qu'il en reste rien qu'un souvenir amer.

L'Océan m'a parlé d'une voix fraternelle,
Car la même clameur que pousse encor la mer
Monte de l'homme aux Dieux, vainement éternelle.

JOSÉ-MARIA DE HEREDIA,
Les Trophées.

VOICI MONTER LA MER

L'eau brumeuse de la rivière
S'éveille dans le matin clair.
Du fond calme de l'estuaire
Voici monter, monter la mer.

Elle entre au cœur de la vallée
Comme un brusque jet de sang fort,
Et sa rude haleine salée
Ressuscite le pays mort ;

Et la vieille ville assoupie,
Tréguier, Pontrieux ou Quimper
Tressaille, comme si la vie
Montait en elle avec la mer ;

Et les barques dont les mâts penchent
Si tristes, au pied des remparts,
Sentent soudain vibrer leurs planches
Comme à l'appel des grands départs...

ANATOLE LE BRAZ,
La Chanson de Bretagne.

IL PLEUT SUR LA MER

Il pleut sur la mer, lentement :
La mer crépite sous la pluie ;
Le ciel gris tombe en s'endormant
Vers la mer grise qui s'ennuie.

La vague et la vague qui suit
S'assoupissent comme les brises ;
Nulle brise et nul autre bruit
Que le frisson des gouttes grises.

Les gouttes pâles, en tombant,
Font des bulles sur les flots pâles
Où l'on croit voir nager un banc
De perles mortes et d'opales.

Suspendue au bord de l'embrun,
Comme un rêve qui se balance,
La voilure d'un bateau brun
Se désole au fond du silence.

EDMOND HARAUCOURT,
Seul,
Grasset.

VERT DE MER

Un poisson connaissait par cœur les noms de tous les autres poissons.
Il connaissait les algues, les courants, les sédiments, les coquillages.
C'était un érudit.
Il exigeait d'ailleurs qu'on l'appelât « Maître » !
Il savait tout de la mer mais il ignorait tout de l'homme.
Et un jour il se laissa prendre au bout d'un tout petit hameçon.

MADELEINE LE FLOCH,
Petits contes verts pour le printemps et pour l'hiver,
Le Cherche Midi éditeur.

Le Dragon doux

Un serpent de mer arrive à bon port
il rencontre des journalistes
il leur explique quel est son sort
et pourquoi il se sent si triste
et d'où vient le fait qu'il existe

Au bout de peu de temps on se familiarise
on l'appelle par son petit nom
les femmes veulent lui faire des bises
un chasseur prépare du petit plomb

Quand il parle maintenant on ricane
plus question de lui à la télévision
on lui reproche d'obstruer la porte océane
ce qui amène de nombreuses protestations

Alors il retourne vers sa solitude marine
avant qu'on ne lui fasse un mauvais sort
s'il avait soufflé un peu de feu par les narines
peut-être aurait-il trouvé un plus accueillant port

Raymond Queneau,
Fendre les flots,
Gallimard.

Premier jour de printemps...

Premier jour de printemps
sur la mer
qu'on découvre distraitement
un matin semblable aux autres,
sans savoir ce qui a changé
par rapport à la veille,
peut-être le fond de l'air
uniformément incolore et serein,
peut-être les maisons de la côte
qui se tournent lentement vers le large,
première journée
de printemps sur la mer
qu'on remarque à l'absence de rides
sur l'eau, dans les regards,
surtout à deux ou trois mots sans suite
qui forment toute une phrase
de pardon et d'amour.

Gérard Le Gouic,
in Michel Cosem, *Au pays des mille mots,*
Éditions Milan.

Nous levons l'ancre...

Nous levons l'ancre, qui se balance à l'avant : les grandes voiles se gonflent ; les bonnettes donnent à plein ; les trois cacatois s'incurvent sous la brise, qui nous poursuit au large comme une chienne hurlante. Toute toile dehors, comme un épervier aux ailes étendues, nous faisons glisser notre ombre sur la mer, et, tanguant et roulant, nous fendons l'onde salée.

Où allons-nous ? Où cinglez-vous, mariniers !

Herman Melville,
Mardi, trad. Charles Cestre,
Flammarion.

Choses de la NATURE et nature des Choses

Paysage

Pas une feuille qui bouge,
Pas un seul oiseau chantant,
Au bord de l'horizon rouge
Un éclair intermittent ;

D'un côté rares broussailles,
Sillons à demi noyés,
Pans grisâtres de murailles,
Saules noueux et ployés ;

De l'autre, un champ que termine
Un large fossé plein d'eau,
Une vieille qui chemine
Avec un pesant fardeau ;

Et puis la route qui plonge
Dans le flanc des coteaux bleus,
Et comme un ruban s'allonge
En minces plis onduleux.

Théophile Gautier,
Premiers poèmes.

Le coquelicot

Le champ de blé met sa cocarde
 coquelicot.
Voici l'été, le temps me tarde
De voir l'arc-en-ciel refleurir.
L'orage fuit, il va mourir,
Nous irons te cueillir bientôt,
 coquelicot.

Robert Desnos,
in *Chantefables et Chantefleurs,*
Gründ.

L'arbre

Perdu au milieu de la ville
L'arbre tout seul, à quoi sert-il ?

Les parkings, c'est pour stationner,
Les camions pour embouteiller,
Les motos pour pétarader,
Les vélos pour se faufiler.

L'arbre tout seul, à quoi sert-il ?

Les télés, c'est pour regarder,
Les transistors pour écouter,
Les murs pour la publicité,
Les magasins pour acheter.

L'arbre tout seul à quoi sert-il ?

Les maisons, c'est pour habiter,
Le béton pour embétonner,
Les néons pour illuminer,
Les feux rouges pour traverser.

L'arbre tout seul, à quoi sert-il ?

Les ascenseurs, c'est pour grimper,
Les Présidents pour présider,
Les montres pour se dépêcher,
Les mercredis pour s'amuser.

L'arbre tout seul, à quoi sert-il ?

Il suffit de le demander
À l'oiseau qui chante à la cime.

Jacques Charpentreau,
La Ville enchantée,

Les sapins

Les sapins en bonnets pointus
De longues robes revêtus
   Comme des astrologues
Saluent leurs frères abattus
Les bateaux qui sur le Rhin voguent

Dans les sept arts endoctrinés
Par les vieux sapins leurs aînés
   Qui sont de grands poètes
Ils se savent prédestinés
À briller plus que des planètes

À briller doucement changés
En étoiles et enneigés
   Aux Noëls bienheureuses
Fêtes des sapins ensongés
Aux longues branches langoureuses

Les sapins beaux musiciens
Chantent des noëls anciens
   Au vent des soirs d'automne
Ou bien graves magiciens
Incantent le ciel quand il tonne

Des rangées de blancs chérubins
Remplacent l'hiver les sapins
   Et balancent leurs ailes
L'été ce sont de grands rabbins
Ou bien de vieilles demoiselles

Sapins médecins divagants
Ils vont offrant leurs bons onguents
   Quand la montagne accouche
De temps en temps sous l'ouragan
Un vieux sapin geint et se couche

Guillaume Apollinaire,
Alcools,
Gallimard.

Il était une feuille

Il était une feuille avec ses lignes
Ligne de vie
Ligne de chance
Ligne de cœur
Il était une branche au bout de la feuille
Ligne fourchue signe de vie
Signe de chance
Signe de cœur
Il était un arbre au bout de la branche
Un arbre digne de vie
Digne de chance
Digne de cœur
Cœur gravé, percé, transpercé,
Un arbre que nul jamais ne vit.
Il était des racines au bout de l'arbre
Racines vignes de vie
Vignes de chance
Vignes de cœur
Au bout des racines il était la terre
La terre tout court
La terre toute ronde
La terre toute seule au travers du ciel
La terre.

Robert Desnos,
« Les portes battantes »,
Fortunes,
Gallimard.

En forêt

On quitte la grand-route et l'on prend le sentier
Où flotte un bon parfum d'arôme forestier.

Dans le gazon taché du rose des bruyères
Surgissent, çà et là, des ajoncs et des pierres.

Un tout petit ruisseau que verdit le cresson
Frôle l'herbe, en glissant, d'un rapide frisson.

Nul horizon. Le long de cette sente étroite
Une futaie à gauche, un haut taillis à droite.

Rien ne trouble la paix et le repos du lieu ;
Au-dessus, un ruban très mince de ciel bleu

Que traverse parfois, dérangé dans son gîte,
Un oiseau voletant, qui siffle dans sa fuite.

Puis c'est, plus loin, une clairière à l'abandon,
Où noircissent encor des places à charbon ;

Des hêtres chevelus se dressent, en un groupe,
Des arbres épargnés à la dernière coupe ;

De grands troncs débités s'étagent en monceau ;
C'est tout auprès que prend sa source le ruisseau

Qui longe le sentier et traverse la route ;
Il sort d'un bassin rond qui filtre goutte à goutte,

Où tremble, reflété comme dans un miroir,
L'œil vacillant et clair de l'étoile du soir.

Henri de Régnier,
Poèmes,
Mercure de France.

Le bouleau

Chaque nuit, le bouleau
Du fond de mon jardin
Devient un long bateau
Qui descend ou l'Escaut
Ou la Meuse ou le Rhin.
Il court à l'océan
Qu'il traverse en jouant
Avec les albatros,
Salue Valparaiso,
Crie bonjour à Tokyo
Et sourit à Formose.
Puis, dans le matin rose,
Ayant longé le Pôle,
Des rades et des môles,
Lentement redevient
Bouleau de mon jardin.

Maurice Carême,
La Grange bleue.

À L'ÉCHELLE ANIMALE

...
Voir clair dans l'œil droit des hiboux
Voir clair dans les gouttes de houx
Dans le terrier fourré d'obscurité fondante
Voir clair dans la main des taupes
Dans l'aile étendue très haut
Dans le gui des philosophes
Dans le tout cela des savants
Monde connu et naturel

Voir clair et se reconnaître
Sur la prairie bleue et verte
Où vont chevaux et perdreaux
Sur la plaine blanche et noire
Où vont corbeaux et renards
Voir clair dans le chant des crapauds
Dans le désordre des insectes
Dans les astres de la rosée
Dans les astres des œufs couvés
Dans la chaleur réglée et pure
Dans le vent dur du vieil hiver
Dans un monde mort et vivant

PAUL ELUARD,
Poésie ininterrompue I,
Gallimard.

BERCEUSE POUR UNE ROSE

Dors petite rose
Aux joues roses, dors.
Des carabes d'or
Bercent ton lit rose.

À son rouet d'or,
Le grillon sommeille
Et la blonde abeille
Dans la treille, dort.

Si tu ne t'endors,
La grosse araignée
Pendue au fil d'or
Va te dévorer.

Dors, rose aux joues rondes,
Le monde s'endort,
Et l'oiseau des songes
Ouvre son bec d'or.

MAURICE CARÊME,
La Lanterne magique

L'HOMME DE PAILLE

Il avait tellement longtemps
Semé le grain, coupé la paille,
Lié les gerbes de froment,
Gelé au froid nu des semailles,

Brûlé au soleil saoul de l'août,
Il avait tellement longtemps
Battu le blé, couru la route
Entre les greniers et les champs,

Il avait tellement longtemps
Reçu la pluie, reçu la grêle,
Subi la neige et le grand vent,
Germé de chaud, séché de gel,

Qu'il était devenu de paille :
Belles moustaches de blé lisse,
Menton de chaume qui piquaille,
Sourcils de mil, barbe en maïs.

CLAUDE ROY,
La France de profil,

Les beaux iris de l'avenue

Les beaux iris de l'avenue
Panache au vent,
Violets ou blancs –
Tous en grande tenue,
Vont passer la revue.

Tenant bien haut leur hallebarde,
Panache au vent,
Violets ou blancs –
Les beaux soldats : regarde !
S'en vont monter la garde.

Ils ont, ma foi, si fière pose
Panache au vent,
Violets ou blancs –
Que les tulipes n'osent
Lever leur tête rose.

En défilant dans les allées
Panache au vent,
Violets ou blancs –
Ils conquièrent d'emblée
Le cœur d'or des pensées.

Albert Atzenwiller,
Heures claires, heures grises,
Delachaux et Niestlé.

D'un vanneur de blé, aux vents

À vous, troupe légère,
Qui d'aile passagère
Par le monde volez,
Et d'un sifflant murmure
L'ombrageuse verdure
Doucement ébranlez,

J'offre ces violettes,
Ces lis et ces fleurettes
Et ces roses ici,
Ces vermeillettes roses
Tout fraîchement écloses,
Et ces œillets aussi.

De votre douce haleine
Éventez cette plaine,
Éventez ce séjour,
Cependant que j'ahanne
À mon blé que je vanne
À la chaleur du jour.

Joachim du Bellay,
Jeux rustiques.

Dialogue dans la montagne

On me demande pourquoi j'habite la verte montagne.
Souriant, je me tais, le cœur en repos.
Quand les fleurs tombent, quand l'eau passe,
Mon univers n'est plus celui des hommes.

Li Po, trad. Patricia Guillermoz,
in *Anthologie de la poésie chinoise,*
Seghers.

La diversité des arbres…

La diversité des arbres faisait un spectacle changeant.

Les hêtres, à l'écorce blanche et lisse, entremêlaient leurs couronnes ; des frênes courbaient mollement leurs glauques ramures ; dans les cépées de charmes, des houx pareils à du bronze se hérissaient ; puis venait une file de minces bouleaux, inclinés dans des attitudes élégiaques ; et les pins, symétriques comme des tuyaux d'orgue, en se balançant continuellement, semblaient chanter.

Il y avait des chênes rugueux, énormes, qui se convulsaient, s'étiraient du sol, s'étreignaient les uns les autres, et, fermes sur leurs troncs, pareils à des torses, se lançaient avec leurs bras nus des appels de désespoir, des menaces furibondes, comme un groupe de Titans immobilisés dans leur colère […].

Gustave Flaubert,
L'éducation sentimentale, troisième partie.

La chanson de la noix

J'ai pelé la petite noix
Dont j'ai cassé la coque blonde entre deux pierres,
La curieuse coque de bois.

J'ai pelé la petite noix :
On dirait un jouet d'ivoire,
Un curieux jouet chinois.

L'odeur fraîche et un peu amère
De ces grands bois
M'a parfumé la bouche entière :
J'ai croqué la petite noix
Ce curieux jouet chinois.

Louis Codet,
Poèmes et chansons,
Gallimard.

Les bois

Chers bois ! Je les connais tous ; je les ai battus si souvent. Il y a les bois-taillis, des arbustes qui vous agrippent méchamment la figure au passage, ceux-là sont pleins de soleil, de fraises, de muguet, et aussi de serpents. [...]

Et puis, il y a mes préférés, les grands bois qui ont seize et vingt ans, ça me saigne le cœur d'en voir couper un ; pas broussailleux, ceux-là, des arbres comme des colonnes, des sentiers étroits où il fait presque nuit à midi, où la voix et les pas sonnent d'une façon inquiétante. [...]

Pas de petites bêtes, dans les grands bois, ni de hautes herbes, un sol battu, tour à tour sec, sonore, ou mou à cause des sources ; des lapins à derrières blancs les traversent ; des chevreuils peureux dont on ne fait que deviner le passage, tant ils courent vite ; de grands daims lourds, rouges, dorés ; des sangliers [...].

Quelquefois des pluies d'orage vous surprennent dans ces grands bois-là : on se blottit sous un chêne plus épais que les autres et, sans rien dire, on écoute la pluie crépiter là-haut. [...]

Et les sapinières ! Peu profondes, elles, et peu mystérieuses, je les aime pour leur odeur, pour les bruyères roses et violettes qui poussent dessous, et pour leur chant sous le vent.

Avant d'y arriver, on traverse des futaies serrées, et, tout d'un coup, on a la surprise délicieuse de déboucher au bord d'un étang, un étang lisse et profond, enclos de tous côtés par les bois, si loin de toutes choses ! [...]

Colette,
La Maison de Claudine,
Hachette Littératures.

Le centenaire

C'était un arbre centenaire
Qui ne comptait plus les années :
Il disait : « À quoi bon s'en faire,
Je suis mûr pour la cheminée !
Des feuilles, j'en ai bien trop lu,
Que pourrai-je savoir de plus,
Si je passe un printemps encore
Auprès des autres sycomores ? »

Alors il a laissé le froid
Engourdir lentement ses veines
Et mettre à vif toutes ses peines
Et clouer ses branches en croix ;
Heureux d'aimer, mais las de vivre,
Pour la toute dernière fois
Il a fleuri dans le grand bois
Des milliers de perles du givre.

Louis Delorme,
Arborescences,
Éditions du Brontosaure.

L'Edelweiss

Là-haut sur le mont Blanc
L'edelweiss y fleurit,
J'y vois toute la terre
Et la France et Paris.
Là-haut sur le mont Blanc
L'edelweiss y fleurit,
Il fleurit, beau mystère,
Pour la France et Paris.

Robert Desnos,
in *Chantefables et Chantefleurs,*
Gründ.

Les ruisseaux...

Les ruisseaux suivent mes routes
Pour consoler les pieds du voyageur
L'oiseau sautillant d'arbre en arbre
Mange le mil de mes pensées

Tout à l'heure
Le vrai chemin
Les lèvres rêches
Les pieds ensanglantés
Et les pensées trop sèches
Qui s'éboulent dans les ravins

Là-haut le vent
Sera ma récompense

Pierre Emmanuel,
Chanson du dé à coudre,
Éditions du Seuil.

Bois

Bois arsin et bois chablis
Bois charme et bois gisant
Bois de grume et bois gauchi
Bois d'Islande et bois des Îles
Bois de rose et de citron
Bois de houx et bois d'ébène
de sureau et de mélèze
Bois de pipe et bois tortu
Bois lavé et bois durci
Tous bois de haut revenu
qui m'ont fait ce que je suis.

Paul Neuhuys,
in *Anthologie poétique de l'exposition,*
Éditions La Maison du Poète.

Le mont Blanc

Au débouché de la vallée de Maglans, nous éprouvâmes un éblouissement d'admiration : le mont Blanc se découvrit soudain à nos regards si splendidement magnifique, si en dehors des formes et des couleurs terrestres, qu'il nous sembla qu'on ouvrait devant nous à deux battants les portes du rêve. On eût dit un énorme fragment de la lune tombé là du haut ciel. L'éclat de la neige étincelante que frappait le soleil eût rendu noires toutes les comparaisons de la *Symphonie en blanc majeur.* C'était le blanc idéal, le blanc absolu, le blanc de lumière qui illumina le Christ sur le Thabor. Des nuages superbes, du même ton que la neige et qu'on n'en distinguait qu'à leur ombre, montaient et descendaient le long de la montagne comme des anges sur l'échelle de Jacob, à travers des ruissellements de clartés, et, dépassant le sommet sublime qu'ils prolongeaient dans le ciel, semblaient, avec l'envergure de leurs ailes immenses, prendre l'essor pour l'infini.

Théophile Gautier,
Les Vacances du lundi, Tableaux des montagnes.

Ohé de la vallée

Au détour du sentier dans la montagne
La carcasse du mulet mort l'autre année
Sous la charge trop lourde qu'il portait
Achève de blanchir sous le soleil de plomb.

Le parfum du thym et le bourdonnement des insectes
Emplissent l'air jusqu'à l'ivresse du passant
Qui sent le temps hésiter à poursuivre sa route
Et le monde vaciller dans la chaleur.

Dans la vallée, au bas des pentes escarpées,
Des mules passent en trottant
Au bruit de leurs grelots et de leurs fers.

Dans la cour d'une ferme des hommes entourent
Une brebis qui vient de mettre bas
Et l'un d'eux lève vers le ciel un agneau étonné de vivre.

Robert Desnos,
« État de veille »,
Destinée arbitraire,
Gallimard.

QUAND ON MONTE...

Quand on monte dans les pâturages, tout en haut, là où l'herbe cesse, on arrive soudain au pied d'une grande corne de rochers. Grise, portée en l'air par deux arêtes aiguës qui se rencontrent à sa base, elle est ruinée et crevassée, elle penche un peu de côté. Et, continuellement, pendant que les doux nuages glissent derrière, blancs et ronds sur le ciel tout bleu, dans toute sa hauteur, parmi les parois lisses et les pentes abruptes, la chaleur de midi et l'eau travaillent, la minant petit à petit. On entend les pierres qui roulent, parfois aussi un gros bloc se détache ; il tombe, il rebondit puis heurte tout à coup un autre roc sur son passage, et éclate en mille débris, qui s'éparpillent de tous côtés. Et ainsi sans cesse grandit le pierrier.

Ainsi, lentement, la montagne s'en va, n'ayant point comme d'autres sa cuirasse de glace. Elle est nue, la gelée y mord. À peine, dans ses replis, si les névés subsistent pendant les longs étés ; un jour, elle ne sera plus, et le petit lac tarira.

CHARLES-FERDINAND RAMUZ,
Le Village dans la montagne,
D.R.

CASIDA DE LA ROSE

La rose
ne cherchait pas l'aurore :
presque éternelle sur sa branche,
elle cherchait autre chose.

La rose
ne cherchait ni science ni ombre :
confins de chair et de songe,
elle cherchait autre chose.

La rose
ne cherchait pas la rose.
Immobile dans le ciel
elle cherchait autre chose.

FEDERICO GARCIA LORCA,
« Divan du Tamarit »,
trad. C. Couffon et B. Sesé,
in *Poésies III*, Gallimard.

C'EST UN PAYS...

C'est un pays de montagne,
mettez vos pas dans mes pas,
mes chers amis, soyez purs
soyez fins comme la neige –
on entend siffler déjà
l'ombre d'un hiver futur ;
c'est bien plus haut qu'on ne pense,
vous n'êtes pas seuls, suivez
suivez-moi ; où êtes-vous ?
(Ils tombaient sur les genoux)
C'est bien plus haut qu'on ne pense
(Pourquoi n'avancent-ils plus ?)
C'est un pays de silence
Celui qui parle est perdu.

GEO NORGE,
« C'est un pays », repris in *Œuvres poétiques,*
Seghers.

La montagne éteinte

La montagne éteinte est voilée ;
Seul un carré d'herbage frais
Sur le penchant de la vallée
S'éclaire d'un rayon doré.
Comme une nappe de lumière
Il miroite sur la hauteur
Et toute l'ombre de la terre
Est muette de son bonheur.

Cécile Sauvage,
Le Vallon,
Mercure de France.

Arbre

Tu es plus souple que le zèbre.
Tu sautes mieux que l'équateur.
Sous ton écorce les vertèbres
font un concert d'oiseaux moqueurs.
J'avertirai tous les poètes :
il ne faut pas toucher aux fruits ;
c'est là que dorment les comètes,
et l'océan s'y reconstruit.
Tu es léger comme un tropique.
Tu es plus sage qu'un poisson.
Dans chaque feuille une réplique
est réservée pour ma chanson.
Dès qu'on t'adresse la parole,
autour de toi s'élève un mur.
Tu bats des branches, tu t'envoles :
c'est toi qui puniras l'azur.

Alain Bosquet,
« Deuxième testament »,
Poèmes, un,
Gallimard.

Le petit grillon

Le petit grillon qui garde la montagne
A bien du mérite croyez-moi
Quand de partout
Coucous et hiboux font ou
Coucou coucou
ou ouh ouh ouh ouh
À d'autres coucous
Ou d'autres hiboux
Qui font à tout coup
ou coucou coucou
ou ouh ouh ouh ouh
Toute toute toute la nuit
Le petit grillon vaillant
A bien du mérite
Et qu'est-ce qui le retient
Dites-le-moi
Messieurs
De se croiser les bras
Et de dormir longtemps
Sa tête
Entre ses deux yeux

Paul Vincensini,
Archiviste du vent,
Le Cherche Midi éditeur.

le Roman fleuve des eaux Courantes

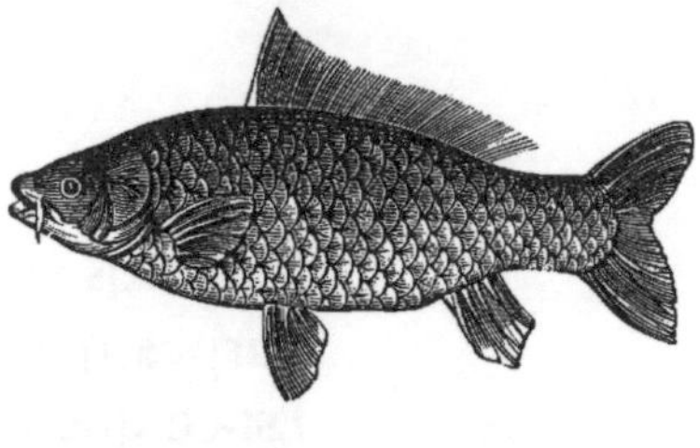

Odelette

Un petit roseau m'a suffi
Pour faire frémir l'herbe haute
Et tout le pré
Et les doux saules
Et le ruisseau qui chante aussi ;
Un petit roseau m'a suffi
À faire chanter la forêt.

Ceux qui passent l'ont entendu
Au fond du soir, en leurs pensées,
Dans le silence et dans le vent,
Clair ou perdu,
Proche ou lointain...
Ceux qui passent, en leurs pensées,
En écoutant, au fond d'eux-mêmes,
L'entendront encore et l'entendent
Toujours qui chante.
...

Henri de Régnier,
Les Jeux rustiques et divins,
Mercure de France.

Dans les algues blotti...

Dans les algues blotti,
qu'un lent courant balance,
un chevesne, immobile,
écoute le silence,

écoute le silence
et regarde, étonné,
ce ver qui se tortille
à deux doigts de son nez.

À l'abri des roseaux,
qui dans le vent frissonnent,
le pêcheur, allongé,
n'est plus là pour personne,

n'est plus là pour personne
et rêve en s'endormant
d'un bouchon rouge et bleu
qui plonge,
obstinément...

Jean-Luc Moreau,
« Le carré de l'hypoténuse »,
Poèmes de la souris verte,
Hachette Jeunesse.

La carpe

Dans vos viviers, dans vos étangs,
Carpes, que vous vivez longtemps !
Est-ce que la mort vous oublie,
Poissons de la mélancolie.

Guillaume Apollinaire,
Le Bestiaire,
Gallimard.

Le chant de l'eau

L'entendez-vous, l'entendez-vous,
Le menu flot sur les cailloux ?
Il passe et court et glisse,
Et doucement dédie aux branches,
Qui sur son cours se penchent,
Sa chanson lisse.

Là-bas,
Le petit bois de cornouillers
Où l'on disait que Mélusine
Jadis, sur un tapis de perles fines,
Au clair de lune, en blancs souliers
Dansa ;
Le petit bois de cornouillers
Et tous ses hôtes familiers,
Et les putois et les fouines,
Et les souris et les mulots,
Écoutent
Loin des sentes et loin des routes
Le bruit de l'eau.....

Émile Verhaeren,
Les Blés mouvants.

Parfois aussi...

...
Parfois aussi, au fil des ruisseaux
il se forme sur l'eau des bulles
qui naissent et se défont –
et elles n'ont d'autre sens
que d'être des bulles d'eau
qui naissent et se défont.

Fernando Pessoa,
Le Gardeur de troupeaux,
trad. Armand Guibert, coll. « Poésie »,
Gallimard.

Dans un petit bateau

Dans un petit bateau
Une petite dame
Un petit matelot
Tient les petites rames

Ils s'en vont voyager
Sur un ruisseau tranquille
Sous un ciel passager
Et dormir dans une île

C'est aujourd'hui Dimanche
Il fait bon s'amuser
Se tenir par la hanche
Échanger des baisers

C'est ça la belle vie
Dimanche au bord de l'eau
Heureux ceux qui envient
Le petit matelot

Robert Desnos
« Youri 1930 Poésie »,
Destinée arbitraire,
Gallimard.

Je disoy l'autre jour...

Je disoy l'autre jour ma peine et ma tristesse
Sur le bord sablonneux d'un ruisseau, dont le cours
Murmurant, s'accordoit au langoureux discours
Que je faisois assis proche de ma maîtresse.

L'occasion lui fit trouver une finesse :
Silvandre (me dit-elle) objet de mes amours,
Afin de t'assurer que j'aimeray tousjours,
Ma main dessus cette eau t'en signe la promesse.

Je creu tout aussi-tost que ces divins sermens,
Commençant mon bonheur, finiroient mes tourments,
Et qu'enfin je serois le plus heureux du monde.

Mais, ô pauvre innocent, de quoy faisoy-je cas,
Estant dessus le sable elle escrivoit sur l'onde,
Afin que ses sermens ne l'obligeassent pas.

Pierre de Marbeuf,
Recueil de vers.

Pour la liberté

Laissez chanter
l'eau qui chante
Laissez courir
l'eau qui court
Laissez vivre
l'eau qui vit
l'eau qui bondit
l'eau qui jaillit
Laissez dormir
l'eau qui dort
Laissez mourir
l'eau qui meurt

Philippe Soupault,
« Chansons (1949) »,
Poèmes et Poésies,
Grasset.

Poème trouvé en rêve

Dans la nuit profonde
Un petit ruisseau

Baigne de son onde
Un bel arbrisseau ;

La belle Esclarmonde
Le franchit d'un saut

Dans un autre monde
Né de mon pinceau.

Jean-Luc Moreau,
« Au pays de Couci-Couça »,
Poèmes de la souris verte,
Hachette Jeunesse.

Le glacier

Le glacier a buté du nez contre l'échine du pays. Le Sud hâtait sa mort. L'a-t-il senti ? Renonçant à forcer l'obstacle, il a marqué un temps d'hésitation. Effrayé peut-être par ces contrées où le soleil régnait en maître absolu, à court de forces neuves, trop vieux déjà pour engager le combat, il a piétiné quelque temps. Sans doute aurait-il aimé s'accrocher là, adossé à ces crêtes protectrices, demeurer pour coloniser le pays, faire son lit de repos après tant de voyages. Trop tard ! C'était déjà l'ère des grands réchauffements. La lumière brûlante des cieux investissait la terre. L'ayant compris, le glacier a voulu rebrousser chemin, regagner ce Nord plus nord où l'hiver tient tête. Mais le soleil marchait plus vite que lui. Légère, aérienne, libre de toute entrave, la chaleur le rattrapait sans peine.

Suant à gros ruisseaux, emplissant les creux de sa transpiration, le glacier est mort en route.

Ainsi devait finir en eau, cet orgueilleux venu en conquérant. Ainsi finissent tôt ou tard les tyrans dont le rêve est de domination.

Bernard Clavel,
Harricana,
Albin Michel.

La rainette

À l'heure grise, c'est le tour de la rainette :
Et sa chanson toujours la même, lente et nette,
De buissons en buissons, va mourir jusqu'au pré.
On ne distingue plus qu'un nuage empourpré.
Le bois, las de frémir, va prendre un bain de lune,
Et les voix des oiseaux se taisent, une à une.
Les joncs laissent tomber leurs pointes, désarmés,
Et, dans l'herbe touffue aux mille bruits calmés,
Grisé d'odeurs, parmi les fleurs de toute sorte,
Grave, le grillon noir écoute sur sa porte.

Jules Renard,
Poésies inédites : Pointes sèches.

Le Tage est plus beau…

Le Tage est plus beau que la rivière qui traverse mon village,
mais le Tage n'est pas plus beau que la rivière qui traverse mon village,
parce que le Tage n'est pas la rivière qui traverse mon village.

Le Tage porte de grands navires
et à ce jour il y navigue encore,
pour ceux qui voient partout ce qui n'y est pas,
le souvenir des nefs anciennes.

Le Tage descend d'Espagne
et le Tage se jette dans la mer au Portugal.
Tout le monde sait ça.
Mais bien peu savent quelle est la rivière de mon village
et où elle va
et d'où elle vient.
Et par là même, parce qu'elle appartient à moins de monde,
elle est plus libre et plus grande, la rivière de mon village.

Par le Tage on va vers le Monde.
Au-delà du Tage il y a l'Amérique
et la fortune pour ceux qui la trouvent.
Nul n'a jamais pensé à ce qui pouvait bien exister
au-delà de la rivière de mon village.

La rivière de mon village ne fait penser à rien.
Celui qui se trouve auprès d'elle est auprès d'elle, tout simplement.

Fernando Pessoa,
Le Gardeur de troupeaux,
trad. Armand Guibert, coll. « Poésie », Gallimard.

La Baignade Corydon

Un narcisse regardait
son reflet dans les eaux
il le trouvait très beau
cette image il enviait

un poisson gambadeur
agite la rivière
le reflet de la fleur
étrangement s'altère

le narcisse aperçoit
dans cette onde troublée
la forme perturbée
d'un nageur jouvenceau

et la plante plongeant
filait au cours de l'eau
elle devint bientôt
un baigneur du dimanche

il accosta plus loin
reprit ses vêtements
un narcisse manquait
aux fleurs de la forêt

Raymond Queneau,
Battre la campagne,
Gallimard.

Fontaine

La fontaine brisée m'a dit quelle était sa vie
Toujours mouillée toujours pleurant
Et les terrifiantes histoires que raconte l'eau
Quand elle sort de terre
Les poissons monstrueux qu'elle a portés
Et patati et patata
Ce n'est pas une vie rose
Que la vie d'une fontaine brisée.

Robert Desnos,
« Youri 1930 Poésie,
Destinée arbitraire,
Gallimard.

Retour

Lentement descend la Seine
une péniche de savon
à Chaillot il n'en reste guère
et plus du tout au dernier pont

pourquoi péniche de savon ?
c'est un emblème
des jours qui vont et qui s'en vont
le long de la Seine

elle aurait pu être de sucre
substance également soluble
elle aurait pu subsister
peut-être jusqu'à Duclair

le train le train va bien plus vite
pour retourner à l'Océan
la péniche de bois résiste
à la fonte des neiges d'antan

Raymond Queneau,
Fendre les flots,
Gallimard.

Quand le soir approchait...

Quand le soir approchait, je descendais des cimes de l'île, et j'allais volontiers m'asseoir au bord du lac, sur la grève, dans quelque asile caché ; là, le bruit des vagues et l'agitation de l'eau, fixant mes sens et chassant de mon âme toute autre agitation, la plongeaient dans une rêverie délicieuse, où la nuit me surprenait souvent sans que je m'en fusse aperçu. Le flux et le reflux de cette eau, son bruit continu, mais renflé par intervalles, frappant sans relâche mon oreille et mes yeux, suppléaient aux mouvements internes que la rêverie éteignait en moi, et suffisaient pour me faire sentir avec plaisir mon existence, sans prendre la peine de penser. De temps à autre naissait quelque faible et courte réflexion sur l'instabilité des choses de ce monde, dont la surface des eaux m'offrait l'image [...].

Jean-Jacques Rousseau,
Rêveries du promeneur solitaire, Ve Promenade.

Destin d'une eau

Où cours-tu, ru ?
où cours-tu, ru,
au fond des bois ?
agile comme une ficelle
tu coules liquide étincelle
qui éclaire les fougères
minces souples et légères
abandonnant derrière toi
la mobile splendeur des bois

où cours-tu, ru ?
où cours-tu, ru,
du fond des bois
tu te précipites à la mort
tu perdras tes eaux vivaces
dans un courant bien plus fort
que le tien qui se prélasse
au pied des fougères
minces souples et légères
ignorant sans doute tout ce qui t'attend
la rivière le fleuve et le dévorant océan

Raymond Queneau,
Battre la campagne,
Gallimard.

Plainte sur la mort de Sylvie

Ruisseau qui cours après toy-mesme,
Et qui te fuis toy-mesme aussi,
Arreste un peu ton Onde icy
Pour escouter mon deuil extresme ;
Puis quand tu l'auras sceu, va-t'en dire à la Mer
Qu'elle n'a rien de plus amer.
…

Marc-Antoine Girard de Saint-Amant,
Œuvres.

Venise

Dans Venise la rouge,
Pas un bateau qui bouge,
Pas un pêcheur dans l'eau,
Pas un falot.

Seul, assis à la grève,
Le grand lion soulève,
Sur l'horizon serein,
Son pied d'airain.

Autour de lui, par groupes,
Navires et chaloupes,
Pareils à des hérons
Couchés en ronds,

Dorment sur l'eau qui fume,
Et croisent dans la brume,
En légers tourbillons,
Leurs pavillons.

La lune qui s'efface
Couvre son front qui passe
D'un nuage étoilé
Demi-voilé.
…

Et les palais antiques,
Et les graves portiques
Et les blancs escaliers
Des chevaliers,

Et les ponts, et les rues,
Et les mornes statues,
Et le golfe mouvant
Qui tremble au vent,

Tout se tait, fors les gardes
Aux longues hallebardes,
Qui veillent aux créneaux
Des arsenaux.
…

Alfred de Musset,
Premières poésies.

Quand la Ville fait Campagne

L'Embouteillage

Feu vert Feu vert Feu vert !
Le chemin est ouvert !
Tortues blanches, tortues grises, tortues noires,
Tortues têtues Tintamarre !
Les autos crachotent,
Toussotent, cahotent
Quatre centimètres
Puis toutes s'arrêtent.

Feu rouge Feu rouge Feu rouge !
Pas une ne bouge !
Tortues jaunes, tortues beiges, tortues noires,
Tortues têtues Tintamarre !
Hoquettent, s'entêtent,
Quatre millimètres,
Pare-chocs à pare-chocs
Les voitures stoppent.

Blanches, grises, vertes, bleues,
Tortues à la queue leu leu,
Jaunes, rouges, beiges, noires,
Tortues têtues Tintamarre !
Bloquées dans vos carapaces
Regardez-moi bien : je passe !

Jacques Charpentreau,
La Ville enchantée,

Le ciel et la ville

Le ciel peu à peu se venge
De la ville qui le mange.

Sournois, il attrape un toit,
Le croque comme une noix.

Dans la cheminée qui fume
Il souffle et lui donne un rhume.

Il écaille les fenêtres,
N'en laisse que des arêtes.

Il coiffe les hautes tours
D'un nuage en abat-jour.

Il chasse le long des rues
Les squelettes gris des grues.

La nuit, laineuse toison,
Il la tend sur les maisons.

Il joue à colin-maillard
Avec les lunes du brouillard.

La ville défend au ciel
De courir dans ses tunnels

Mais le ciel tout bleu de rage
Sort le métro de sa cage.

Taches d'encre, taches d'huile
Sur le ciel crache la ville

Mais le ciel pour les laver
Pleut sans fin sur les pavés.

Charles Dobzynski,

Le plat pays

1. Avec la mer du Nord pour dernier terrain vague
Et des vagues de dun's pour arrêter les vagues
Et de vagues rochers que les marées dépass'nt
Et qui ont à jamais le cœur à marée basse
Avec infiniment de brumes à venir
Avec le vent d'ouest écoutez-le tenir
Le plat pays qui est le mien.

2. Avec des cathédral's pour uniques montagnes
Et de noirs clochers comme mâts de cocagne
Où des diables en pierre décrochent les nuages
Avec le fil des jours pour unique voyage
Et des chemins de pluie pour unique bonsoir
Avec le vent de l'est, écoutez-le vouloir
Le plat pays qui est le mien.

3. Avec le ciel si bas qu'un canal s'est perdu
Avec un ciel si bas qu'il fait l'humilité
Avec un ciel si gris qu'un canal s'est pendu
Avec un ciel si bas qu'il faut lui pardonner
Avec le vent du nord qui vient s'écarteler
Avec le vent du nord, écoutez-le craquer
Le plat pays qui est le mien.

4. Avec de l'Italie qui descendrait l'Escaut
Avec Frida la Blond' quand ell' devient Margot
Quand les fils de Novembr' reviennent en Mai
Quand la plain' est fumant' et tremble sous Juillet
Quand le vent est au rir', quand le vent est au blé
Quand le vent est au sud, écoutez-le chanter
Le plat pays qui est le mien.

Paroles et musique de Jacques Brel,
S.E.M.I.

Entre la mer et la terre

Entre la mer et la terre s'étendent des campagnes pélagiennes, frontières indécises des deux éléments : l'alouette de champ y vole avec l'alouette marine ; la charrue et la barque à un jet de pierre l'une de l'autre, sillonnent la terre et l'eau. Le navigateur et le berger s'empruntent mutuellement leur langue : le matelot dit *les vagues moutonnes*, le pâtre dit *des flottes de moutons*. Des sables de diverses couleurs, des bancs variés de coquillages, des varechs, des franges d'une écume argentée dessinent la lisière blonde ou verte des blés. Je ne sais plus dans quelle île de la Méditerranée, j'ai vu un bas-relief représentant les Néréides attachant des festons au bas de la robe de Cérès.

Mais ce qu'il faut admirer en Bretagne, c'est la lune se levant sur la terre et se couchant sur la mer.

Établie par Dieu gouvernante de l'abîme, la lune a ses nuages, ses vapeurs, ses rayons, ses ombres portées comme le soleil ; mais comme lui, elle ne se retire pas solitaire ; un cortège d'étoiles l'accompagne. À mesure que sur mon rivage natal elle descend au bout du ciel, elle accroît son silence qu'elle communique à la mer ; bientôt elle tombe à l'horizon, l'intersecte, ne montre plus que la moitié de son front qui s'assoupit, s'incline et disparaît dans la molle intumescence des vagues. Les astres voisins de leur reine, avant de plonger à sa suite, semblent s'arrêter, suspendus à la cime des flots. La lune n'est pas plus tôt couchée, qu'un souffle venant du large brise l'image des constellations, comme on éteint les flambeaux après une solennité.

François René de Chateaubriand,
Mémoires d'outre-tombe, livre premier, chapitre 6.

Le masque

Une vie imaginaire
sur les villes est posée.
Partout de fausses lumières
sont peintes sur les paupières
des fenêtres enfermées.
Le pâle soleil qui luit
n'est que plâtre sur les pierres.

La vraie ville est dans la nuit.

Jean Tardieu,
« Le témoin invisible »,
Le fleuve caché,
Gallimard.

Qu'elle est belle la terre !

Qu'elle est belle, la terre, avec ses vols d'oiseaux
Qu'on entrevoit soudain à la vitre de l'air,
Avec tous ses poissons à la vitre de l'eau !
La peur les force vite à chercher un couvert
Et l'homme reste seul derrière le rideau.

Qu'elle est belle, la terre, avec ses animaux,
Avec sa cargaison de grâce et de mystère !
Le poète se tient à la vitre des mots.
Cette beauté qu'il chante, il la donne à son frère
Qui se lave les yeux dans le matin nouveau.

P. Menanteau,
« Bestiaire pour un enfant poète »,
in *Pour un enfant poète,*
coll. « Fleurs d'encre »,
Hachette Jeunesse.

J'étais perdue…

J'étais perdue dans la ville
entre les façades noires
et les boutiques bariolées,
j'étais perdue parmi la foule.
J'avais perdu mon nom
et le chemin de ma maison.

C'est en suivant un pigeon
puis un couple de pinsons
qu'au détour des violettes
et du bleu des arbres
j'ai retrouvé mon nom
et le chemin de ma maison.

Luce Guilbaud,
in Jacques Charpentreau,
La Ville des poètes,
coll. « Fleurs d'encre »,
Hachette Jeunesse.

Viens voir sur la colline…

Viens voir sur la colline, à l'heure où le jour fuit,
Les constellations éclore dans la nuit.
La campagne s'endort silencieuse. Écoute !...
Les rumeurs des pesants chariots sur la route
Vont s'éloignant toujours : à peine, par moment,
Du fond de quelque ferme un sonore aboiement
Réveille les grands bois absorbés dans leur rêve.
Les vagues des épis qu'un vent tiède soulève
Frissonnent, et l'on sent monter dans l'air obscur
La savoureuse odeur que répand le blé mûr…

André Theuriet,
Le Livre de la payse - les étoiles.

La nuit

Tout était clair dans l'air léger, depuis les planètes jusqu'aux becs de gaz. Tant de feux brillaient là-haut et dans la ville que les ténèbres en semblaient lumineuses. Les nuits luisantes sont plus joyeuses que les grands jours de soleil.

Sur le boulevard, les cafés flamboyaient ; on riait, on passait, on buvait. J'entrai au théâtre, quelques instants ; dans quel théâtre ? je ne sais plus [...]. Je gagnai les Champs-Élysées où les cafés-concerts semblaient des foyers d'incendie dans les feuillages. Les marronniers frottés de lumière jaune avaient l'air peints, un air d'arbres phosphorescents. Et les globes électriques, pareils à des lunes éclatantes et pâles, à des œufs de lune tombés du ciel, à des perles monstrueuses, vivantes, faisaient pâlir sous leur clarté nacrée, mystérieuse et royale les filets de gaz, de vilain gaz sale, et les guirlandes de verres de couleur. [...]

Guy de Maupassant,
« Cauchemar », *La nuit,*
Contes et nouvelles.

Grand standigne

Un jour on démolira
ces beaux immeubles si modernes
on en cassera les carreaux
de plexiglas ou d'ultravitre
on démontera les fourneaux
construits à polytechnique
on sectionnera les antennes
collectives de tévision
on dévissera les ascenseurs
on anéantira les vide-ordures
on broiera les chauffoses
on pulvérisera les frigidons
quand ces immeubles vieilliront
du poids infini de la tristesse des choses

Raymond Queneau,
Courir les rues,
Gallimard.

Un verre de thé...

Un verre de thé sur la natte
le vent ramène le nuage bleu
égaré dans le bois
les vieux parlent du passé
les jeunes parlent peu
fument et rient
le ciel s'éloigne des sables

Tahar Ben Jelloun,
« Asilah : saison d'écume »,
Les amandiers sont morts de leurs blessures,
Éditions La Découverte et Syros.

J'ai vu le menuisier

J'ai vu le menuisier
Tirer parti du bois.

J'ai vu le menuisier
Comparer plusieurs planches.

J'ai vu le menuisier
Caresser la plus belle.

J'ai vu le menuisier
Approcher le rabot.

J'ai vu le menuisier
Donner la juste forme.

Tu chantais, menuisier,
En assemblant l'armoire.

Je garde ton image
Avec l'odeur du bois.

Moi, j'assemble des mots
Et c'est un peu pareil.

Guillevic,
Terre à bonheur,
Seghers.

Ville

Trams, autos, autobus,
Un palais en jaune pâli,
De beaux souliers vernis,
De grands magasins, tant et plus.

Des cafés et des restaurants
Où s'entassent des gens.
Des casques brillent, blancs :
Des agents, encor des agents.

Passage dangereux. Feu rouge,
Feu orangé, feu vert.
Et brusquement tout bouge.
On entend haleter les pierres.

Je marche, emporté par la foule,
Vague qui houle,
Revient, repart, écume
Et roule encore, roule.

Nul ne sait ce qu'un autre pense
Dans l'inhumaine indifférence.
On va, on vient, on est muet,
On ne sait plus bien qui l'on est
Dans la ville qui bout, immense soupe au lait.

Maurice Carême,
Sac au dos,

Douce France

Il revient à ma mémoire
Des souvenirs familiers
Je revois ma blouse noire
Lorsque j'étais écolier
Sur le chemin de l'école
Je chantais à pleine voix
Des romances sans paroles
Vieilles chansons d'autrefois

Douce France
Cher pays de mon enfance
Bercé de tendre insouciance
Je t'ai gardé dans mon cœur
Mon village
Au clocher, aux maisons sages
Où les enfants de mon âge
Ont partagé mon bonheur
Oui je t'aime
Et je te donne ce poème
Oui je t'aime
Dans la joie ou la douleur

Douce France
Cher pays de mon enfance
Bercé de tendre insouciance
Je t'ai gardé dans mon cœur
Oui je t'aime
Et je te donne ce poème
Oui je t'aime
Dans la joie ou la douleur

Douce France
Cher pays de mon enfance
Bercé de tendre insouciance
Je t'ai gardé dans mon cœur
Je t'ai gardé dans mon cœur

Charles Trenet, Léo Chauliac,
Douce France,
© 1943 Éditions Salabert.

Petit village

Petit village au bord des bois,
Petit village au bord des plaines,
Parmi les pommiers, non loin des grands chênes,
Lorsque j'aperçois
Le coq et la croix
De ton clocher d'ardoises grises,
De ton clocher fin,
À travers ormes et sapins,
D'étranges musiques me grisent ;
Je vois des yeux dans le ciel étoilé :
Là je suis né.

Petit village au bord des champs,
Petit village entre les haies,
Tour à tour paré de fleurs et de baies,
Lorsque les doux chants
De ton frais printemps,
Quand l'odeur de tes violettes,
De tes blancs muguets
Pénètrent mon cœur inquiet,
J'oublie et tumulte et tempêtes ;
J'entends des voix dans le soir parfumé :
Là j'ai aimé.
…

Philéas Lebesgue,
Les Chansons de Margot.

Aux quatre bouts de nos chemins...

Aux quatre bouts de nos chemins
Il y a toujours une ville
Qui vient nous prendre par la main
Mi-consentant, mi-cœur fragile.

Il y a toujours une rue
pour nous offrir ses aventures
Comme une richesse entrevue
Dans le reflet des devantures.

Et nous courons – Dieu sait pourquoi ! –
Nous anéantir dans la foule,
Chérissant un anonymat
Qui nous presse au gré de sa houle.

C'est vrai : la Ville est un Destin
Que nous signons de main de maître
Tant pis pour la sauge et le thym
L'odeur du foin, l'ombre du hêtre...

Jeanne Maillet,
in Jacques Charpentreau,
La Ville des poètes, coll. « Fleurs d'encre »,
Hachette Jeunesse.

Dans la chambre du grand-père...

Dans la chambre du grand-père
il y avait un coquillage
qui soupirait et chantait
comme le vent et la mer.

Dans la chambre du grand-père
il y avait un petit coffre
en bois luisant jaune clair,
qu'il rapporta de ses voyages
et que lui seul savait ouvrir.

Il y avait deux Japonais
en ivoire, sous un globe ;
et tout au fond d'un tiroir,
dans son écrin de velours vert,
– bijou poli par les vagues –
la pipe en écume de mer !

Madeleine Ley,
Petites Voix,
Stock.

Voyage à Paris

Ah ! la charmante chose
Quitter un pays morose
Pour Paris
Paris joli
Qu'un jour
Dut créer l'Amour
Ah ! la charmante chose
Quitter un pays morose
Pour Paris

Guillaume Apollinaire,
« Poèmes retrouvés »,
Œuvres poétiques, Bibliothèque de la Pléiade,
Gallimard.

Être debout...

Être debout
le soir
devant sa porte
quand le bruit de la ville
tombe avec le vent

écouter
tout ce qui commence et meurt
si loin si proche
aux mailles du silence

s'ouvrir tout entier
à la chaleur des hommes
qui nous revient fidèle
comme au rucher l'abeille
usée par les heures

attendre que la nuit
nous fasse
notre place
tout près des choses simples
près de l'arbre et l'oiseau
près du livre des jours

sous son feuillage bleu

Jean-Pierre Siméon,
in Jacques Charpentreau,
La Ville des poètes,
coll. « Fleurs d'encre », Hachette Jeunesse.

Cette ville qui n'existait pas

Tu avais inventé
dans le grand jeu du rêve
une ville inconnue
et qui n'existait pas...

Une ville sans nom
sans passé et sans gloire
interdite aux humains
et bannie de l'histoire...

Seuls nichaient dans ses murs
les oiseaux du bonheur
et leurs trilles volaient
pour charmer les étoiles.

Ainsi se rejoignaient
en un élan d'amour
dans la ville enchantée
à jamais innocente

la terre enfin lavée
de tous ses vieux péchés
et le ciel embrasé
des feux de l'espérance.

Pierrette Sartin,
in Jacques Charpentreau,
La Ville des poètes,
coll. « Fleurs d'encre », Hachette Jeunesse.

Cadran solaire

Sous la pluie
Sous la neige
Sous le soleil
    Une petite ville s'éveille

Hier
Aujourd'hui
Demain
    La ville m'appelle et me tend la main

Dans ma paume
Dans mon œil
Dans mon cœur
    Elle me souhaite du bonheur

Je ne sais plus
Si c'est du Nord au Sud
Ou d'Ouest en Est
    Mais je suis sûr et certain

Que j'y retrouve mon chemin
Et que ma ville reste
Du soir au matin
    La boussole et la bougie
    De ma plus tendre vie

Claude Haller,
in Jacques Charpentreau,
La Ville des poètes,
coll. « Fleurs d'encre »,
Hachette Jeunesse.

En ville

On regrette les larges paysages,
Les pentes mauves, les ruisseaux trempés
Comme des lames d'acier pur, plantés
Entre les côtes grises des montagnes.

On rêve d'un château de bleu sauvage,
Battu de vignes, de vagues de blé,
De reposoirs de chênes ajourés
Dans la forêt sans visage et sans âge.

Mais c'est en ville ici quand l'air nous tient
À la vitre, seul comme un orphelin,
Que le temps approche son aile et pose

Son col irisé sur le bord du mur,
Sans plus de voyage, le regard sur
Le cœur replié d'un géranium rose.

Gérard Bocholier,
in Jacques Charpentreau,
La Ville des poètes,
coll. « Fleurs d'encre », Hachette Jeunesse.

UNE SI JOLIE PETITE VILLE

Zone industrielle.
Rues-zèbres.
Rues-zig-zag.
Voitures. Mobylettes.
Sortie d'usine
à six heures.
Trois huit.
Travailler la nuit.
Marchandise bruyante.
Croisement. Stop.
Accident possible.
H.L.M. Cité
de la Renardière.
Cage
d'escalier.
Cent fenêtres
allumées-éteintes font
signe à la lune.
Prière d'accueillir
la Loire
dans son lit.
Prière de construire
un château d'eau
en Espagne.
Prière de mettre
les autobus
en bouteille.
Prière de peupler
la lune
de chiens noirs.
Prière de rêver
d'une maisonnette
à roulettes.
Prière de respecter
la moyenne
et les pelouses.

Prière de circuler
sur la terre.
Prière de s'agiter
avant de vivre.

JACQUELINE et CLAUDE HELD,
in *Vingt mots pour ma ville, poèmes pour les enfants,*
coll. « Enfance heureuse »,
Les Éditions de l'Atelier/Les Éditions Ouvrières.

L'ÉPICERIE…

L'épicerie de Si Abdessalam
Du vinaigre doux dans une bouteille en plastique
National
des portions de savon La Main
un sac de farine Drissi
des allumettes Le Lion
une barbe grise toujours naissante
une main ouverte
le regard tendre
amical
fraternel comme le soleil
et une balance qui sépare le temps

TAHAR BEN JELLOUN,
« Asilah : saison d'écume »,
Les amandiers sont morts de leurs blessures,
Éditions La Découverte et Syros.

Lumières

La ville qui s'endort
Garde les yeux ouverts
Et demeure agitée.
Son immense décor
De théâtre en plein air
Concurrence la nuit,
Défie l'obscurité.

Cependant, d'où je suis,
Aucun bruit
Ne semble s'échapper
Des milliers de lumières.

Et là-bas les dernières
Fenêtres éclairées
Ont l'air de côtoyer
Les lueurs éternelles
Des fenêtres du ciel.

Roland Viard,
in Jacques Charpentreau,
La Ville des poètes,
coll. « Fleurs d'encre », Hachette Jeunesse.

Villes en voyage

Je suis au vingt-cinquième étage,
À ma fenêtre, dans la tour.
Devant moi, la ville voyage,
Tant de phares sur son rivage,
Tant de gens rêvant au long cours !

Dans la nuit se plonge la ville
Avec ses maisons et ses toits,
Et je contemple, si tranquille,
Ce grand vaisseau noir qui s'exile
Dans la vaste nuit avec moi.

Les lumières s'allument, dansent,
Et lentement nous dérivons
Vers je ne sais quel monde immense
Où le temps m'emporte, et je pense
Aux jours et aux nuits qui s'en vont.

Je contemple dans les espaces
D'autres navires scintiller,
Et dans ces grands vaisseaux qui passent,
Je sais qu'en leurs traces fugaces
Des villes vont appareiller.

En d'autres lieux, sur d'autres grèves,
En chaque lumière qui luit,
Les villes du songe se lèvent
Et je vis aussi dans les rêves
De tous les enfants de la nuit.

Jacques Charpentreau,
in Jacques Charpentreau,
La Ville des poètes,
coll. « Fleurs d'encre », Hachette Jeunesse.

DANS LA VILLE

Pour Anaïs.

Les gens filent dans la ville
mais pas au galop du cheval
mais pas au galop du cheval
Les gens dorment dans la ville
mais pas dans des lits de paille
mais pas dans des lits de paille
Les gens nagent dans la ville
mais pas dans le ventre des rivières
mais pas dans le ventre des rivières
Les gens se chauffent dans la ville
mais pas derrière de hautes flammes
mais pas derrière de hautes flammes
Les gens travaillent dans la ville
mais pas avec le soleil
mais pas avec le soleil
Les gens parlent dans la ville
mais pas avec des mots simples de terre
mais pas avec des mots simples de terre
Les gens s'aiment dans la ville
mais ne font plus d'enfants
mais ne font plus d'enfants
qui courent à travers champs
après les beaux bœufs blancs
sous de la vraie lumière
sous de la vraie lumière.

GILLES BRULET, in Jacques Charpentreau,
La Ville des poètes, coll. « Fleurs d'encre »,
Hachette Jeunesse.

C'EST LA FIN DE LA JOURNÉE...

C'est la fin de la journée
le poisson est rentré
la barque est repartie
les petits soleils s'éloignent
un grand verre de thé
pour réchauffer les mains et le front
la parole nue
on regarde la mer
et l'on parle de l'avenir
on joue aux cartes
on fume quelque pensée
les chats tirent l'azur
on ne regarde plus la mer
on regarde la télévision

TAHAR BEN JELLOUN,
« Asilah : saison d'écume »,
Les amandiers sont morts de leurs blessures,
Éditions La Découverte et Syros.

J'AI UNE VILLE DANS LES YEUX

...
Assilah
je te nomme et traverse ta solitude
Pierres muettes
j'ai découvert le rythme de l'oubli dans les
racines de ton soleil
À l'orée du matin
la musique demeure
– une onde vient habiter notre regard –
C'est déjà la mer
l'instant où la brume nous égare
...
Interrogez la mer
elle vous dira la guerre
elle vous dira la digue rompue
elle vous dira la rouille/l'usure du regard
solaire
elle vous dira l'épi rare de notre solitude
elle vous dira la ville qui court après l'ombre
de l'écume vague

Mais regardez : la mer se plie à l'appel du
corsaire
L'histoire s'est arrêtée
Assilah vous propose une mémoire importée

Mais Assilah se maquille
Elle se met au bord de la route
Welcome-to-Assilah-Thank-you-for-your-visit-Come-
Back-Don't-forget-Assilah-Choukran-Merci.

TAHAR BEN JELLOUN,
« Cicatrices du soleil »,
Les amandiers sont morts de leurs blessures,
Éditions La Découverte et Syros.

CONTE POUR LISIEUX

Lise, Lise, ouvre bien les yeux,
Nous allons visiter Lisieux.

La vache rousse qui broutait
Près de la ferme sous les pommiers
Vient avec nous le long de la rivière
À travers les derniers vergers.

Piquine ma rivière,
Piquine ma coquine !
Lise, Lise, ouvre bien les yeux,
Par le chemin de la rivière
Nous allons entrer dans Lisieux.

Petite ville un peu trop grise
Gris-vert, gris-blanc, bleu-vert
Tous les gris qu'on voit sur la mer
Mais pour nous tous à l'Atelier
C'est une ville extraordinaire.
...

J. GAUCHERON,
in *Vingt mots pour ma ville, poèmes pour les enfants,*
coll. « Enfance heureuse »,
Les Éditions de l'Atelier/Les Éditions Ouvrières.

ZOOS... HAUTEMENT CIVILISÉS

Pollution,
plaisir du béton.
Une voiture
sur un mur
qui klaxonne, qui klaxonne...
Merveilleux
oiseaux
agités
quand il neige.
Magasins. Gaîté du shopping.
Maisons. Mélancolie.
Ne pas rester
entre quat' murs.
Voitures. Rues
illuminées.
Plaisir de rouler
en foule. Fourmis.
Fleuve.
Bruit.
Nature : zoo
de jour, de nuit,
fausses
promenades.
Les fenêtres
me regardent.
Cloches en promenade.
Humains derrière des grilles.
Zoo
de jour, de nuit.

JACQUELINE et CLAUDE HELD,
in *Vingt mots pour ma ville, poèmes pour les enfants,*
coll. « Enfance heureuse »,
Les Éditions de l'Atelier/Les Éditions Ouvrières.

Sirènes

Fumez dans la bruine
Cheminées d'usines
Au long du canal

Si je t'imagine
Il pleut sur la ville
Les yeux me font mal

Ça sent l'monoxyde
La pluie est acide
Le soufre est fatal

Les camions qui passent
Écrasent mes angoisses
À fond la pédale

La fumée s'enroule
Je vais dans la foule
Comme on va dans l'eau

Dans l'eau qui console
Et bruit sans parole
À petits sanglots

Si je me rappelle
J'entends les sirènes
Des cars de police

Mon frère ils t'emmènent
Le smog s'échevèle
Comme un maléfice

L'eau noire à l'écluse
S'abîme en excuses
Ou pleure en secret

Les pigeons s'en fichent
Naviguez péniches
Avec mes regrets

Les murs t'emprisonnent
Voici trois automnes
Que tu t'es perdu

Les autos klaxonnent
Il y a maldonne
Quand reviendras-tu

Élisabeth Junca,
in Jacques Charpentreau,
La Ville des poètes,
coll. « Fleurs d'encre »,
Hachette Jeunesse.

Doucement peuplé de questions

– Connaissez-vous le roi Gradlon ?
demandait à un goéland
une mouette folklorique
voletant près des petits ponts.

– Peut-être le roi des tulipes ?
Un saint Pierre de cathédrale
rêvant de magnolias fleuris ?
ou l'inventeur de nos biligs
qui parfument la place au beurre
avec les odeurs de nos crêpes ?

Mais sur les gais quais de l'Odet
au calme chemin de halage
sur les pavés et les ardoises
et sur les remparts de Quimper
tout le passé de la Bretagne
chantait le nom du Légendaire…

Pierre Béarn,
in *Vingt mots pour ma ville,*
poèmes pour les enfants,
coll. « Enfance heureuse »,
Les Éditions de l'Atelier/Les Éditions Ouvrières.

Il s'en passe des choses dans ma cité

Il s'en passe des choses dans ma cité. Il n'y a qu'à regarder. Moi, un jour, j'ai dit : « J'arrête, je regarde. » J'ai posé par terre mes deux sacs. Je me suis assis. J'ai regardé.

Les gens venaient
Les gens marchaient
Les gens passaient
Les gens tournaient
Les gens filaient
Les gens glissaient
Les gens dansaient
Les gens parlaient
Gesticulaient
Les gens criaient
Les gens riaient
Les gens pleuraient
Disparaissaient.

Il s'en passe des choses dans ma cité. Il n'y a qu'à regarder. On voit de tout, on peut tout voir. Mais ce qu'on ne voit jamais dans ma cité, c'est un regard. Un regard qui vous regarde et qui s'attarde.

Les gens naissaient
Les gens vivaient
Les gens mouraient.

Et moi, je restais sur mon banc de pierre, encadré par mes deux sacs. Je regardais.
C'est merveilleux : partout où il y a des femmes,
partout où il y a des hommes,
partout il y a la vie.
J'aurais dû me lever. Leur tendre la main.
Leur dire : « Salut.
Bonjour ! J'existe. Et vous ? Vous existez ? »

Je suis resté assis.
Le plus souvent, c'est ainsi que les choses se passent.

Guy Foissy, in Jacques Charpentreau,
La Ville des poètes,
coll. « Fleurs d'encre »,
Hachette Jeunesse.

Ville historique

Le temps a rendez-vous
avec l'ombre qui joue
sur des siècles de pierre,
quand les rues se souviennent,
mêlant la vie d'hier
aux rythmes d'aujourd'hui ;
et l'on aime flâner
dans ce cœur de mémoire
où l'Histoire a laissé
son empreinte accrochée
aux murs gris des façades.

Jehan Despert,
in Jacques Charpentreau,
La Ville des poètes,
coll. « Fleurs d'encre », Hachette Jeunesse.

La marmite

Sur le feu jaune et bleu
Chante la grosse marmite
La marmite au pot-au-feu.

La marmite au pot-au-feu
De temps en temps souffle un peu
De sa vapeur : « teuf, teuf, teuf »
Comme une locomotive.

Et quand il l'entend – mon Dieu !
Le chat qui dort dans la cendre
Entr'ouvre à demi les yeux.

Le feu lèche la marmite
Sans bruit et la soupe cuit.
Et l'horloge va moins vite :
Elle écoute la marmite
La marmite au pot-au-feu.

Maurice Fombeure,
in *Pin Pon d'or,*
Colin.

Le ciel…

Le ciel est, par-dessus le toit,
Si bleu, si calme !
Un arbre, par-dessus le toit,
Berce sa palme.

La cloche, dans le ciel qu'on voit,
Doucement tinte.
Un oiseau sur l'arbre qu'on voit
Chante sa plainte.

Mon Dieu, mon Dieu, la vie est là,
Simple et tranquille.
Cette paisible rumeur-là
Vient de la ville !

– Qu'as-tu fait, ô toi que voilà
Pleurant sans cesse,
Dis, qu'as-tu fait, toi que voilà,
De ta jeunesse ?

Paul Verlaine,
Sagesse.

Soleil en goguette

Un jour de grand loisir
Sortant nu de la mer
Jeune jeune et séculaire
Un Soleil plein de rires
Pétillant de chaleur
Gonflé de bonne humeur
En avant presto presto !
A grimpé sur trois bateaux
Qui voguaient vers le vieux port
Oh là là, le beau transport !

Puis, Soleil, notre bel ami
Ayant mis pied à terre
A salué la Bonne Mère
A remonté la Canebière
Pleine d'ambiance d'odeurs de bruit !
Été été spontanéité !
Sur un air estival
Dansait l'accent du Mistral.
Craquantes d'accueil et d'amitié
Les ruelles s'ouvraient s'ouvraient
Pour le Soleil en gaîté !

Mais notre Soleil du bel été
De joie s'étant barbouillé
De bavardage s'étant gavé
Vers le soir s'en est allé
Jusqu'à la mer pour s'y noyer !

Pas de chagrin
Mes petits lutins
Demain demain
Au petit matin
Le Soleil-pèlerin
Illuminera tous vos chemins !

Andrée Chedid,
in *Vingt mots pour ma ville, poèmes pour les enfants,*
coll. « Enfance heureuse », Les Éditions de l'Atelier/Les Éditions Ouvrières.

In certain Progrès

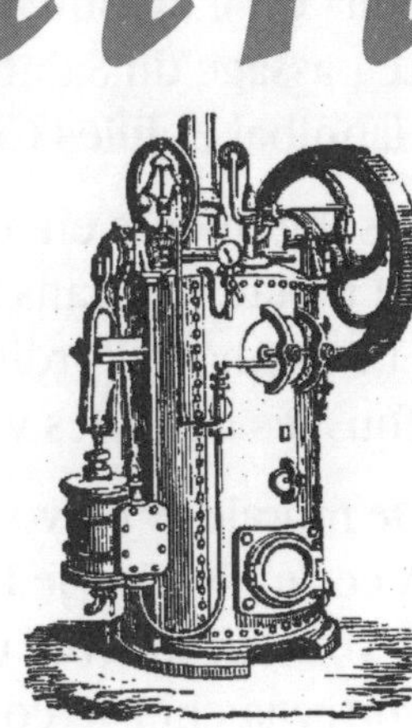

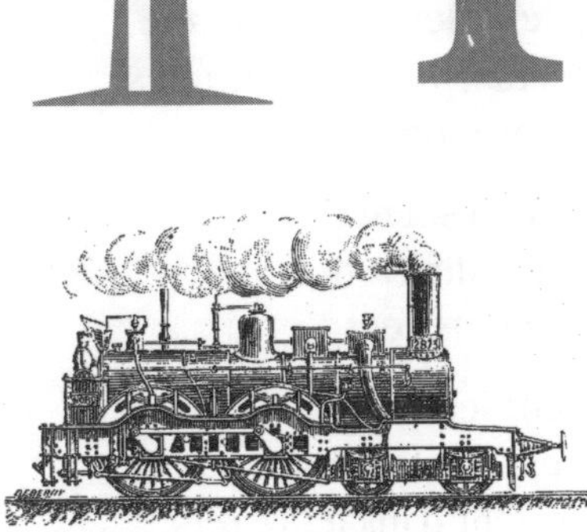

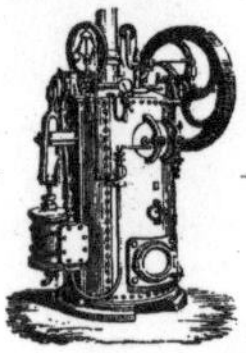

L'ordinateur et l'éléphant

Parce qu'il perdait la mémoire
Un ordinateur alla voir
Un éléphant de ses amis
« C'est sûr, je vais perdre ma place,
Lui dit-il, viens donc avec moi
Puisque jamais ceux de ta race
N'oublient rien, tu me souffleras
Pour la paie, on s'arrangera. »

Ainsi firent les deux compères
Mais l'éléphant était vantard
Voilà qu'il raconte ses guerres,
Le passage du Saint-Bernard
Hannibal et Jules César…

Les ingénieurs en font un drame ;
Ça n'était pas dans le programme,
Et l'éléphant, l'ordinateur
Tous les deux, les voilà chômeurs.

De morale je ne vois guère
À cette histoire, je l'avoue
Si vous en trouvez une, vous,
Portez-la chez le commissaire
Au bout d'un an elle est à vous
Si personne ne la réclame.

Jean Rousselot,
Petits poèmes pour cœurs pas cuits,
Le Cherche Midi éditeur.

Les machines

Les machines avaient commencé
Par rire comme des enfants
Qui semblaient vouloir amuser
Les gens de tous les continents.

Puis elles avaient tant grandi
Qu'elles étaient devenues comme
Des adolescents, puis des hommes
Précieusement munis d'outils.

Enfin, se fiant au silence
Et à la morne indifférence
De ceux qui en usaient,

Elles se mirent lentement
À devenir ces lourds géants
Qui nous broient dans leurs rêts.

Maurice Carême,
L'Envers du miroir,
© Fondation Maurice Carême.

Cités-dortoirs

Cages à lapins, à poules
hlm, cités-dortoirs.
Chacun vit dedans sa boule
chacun dit bonjour, bonsoir.

Chacun porte seul sa peine
face à face, dos à dos.
Chacun parmi tous se traîne
au métro, boulot, dodo.

Puis le soir, dedans les cages,
chacun devant sa télé,
mange le même potage,
le même plat surgelé.

Et les enfants, aux fenêtres,
rêvent de jardins profonds.
« Sœur Anne, vois-tu paraître
un peu d'herbe à l'horizon ? »

Liliane Wouters,
in Jacques Charpentreau,
La Ville des poètes,
coll. « Fleurs d'encre », Hachette Jeunesse.

Ils cassent le monde

Ils cassent le monde
En petits morceaux
Ils cassent le monde
À coups de marteau
Mais ça m'est égal
Ça m'est bien égal
Il en reste assez pour moi
Il en reste assez
Il suffit que j'aime
Une plume bleue
Un chemin de sable
Un oiseau peureux
Il suffit que j'aime
Un brin d'herbe mince
Une goutte de rosée
Un grillon de bois
Ils peuvent casser le monde
En petits morceaux
Il en reste assez pour moi,
Il en reste assez
J'aurai toujours un peu d'air
Un petit filet de vie,
Dans l'œil un peu de lumière
Et le vent dans les orties
Et même, et même
S'ils me mettent en prison
Il en reste assez pour moi
…

Boris Vian,
Je voudrais pas crever,

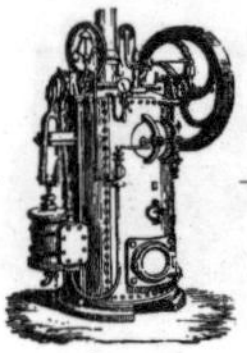

Pollution

Ici gît
le bleu du ciel
persécuté par le béton armé
et finalement exterminé
par la concentration des gaz.

Paix à son âme.
Elle respire
au-delà de la nuit.
Là où les lumières artificielles
n'éteignent pas les étoiles.

Françoise Beaumont,
in Jacques Charpentreau,
La Ville des poètes,
coll. « Fleurs d'encre », Hachette Jeunesse.

Les Ares verts

Le bûcheron et sa cognée
font des trous dans la forêt
tout au bout l'on aperçoit
une scierie pour le bois

la scierie est dynamique
la scierie est prolifique
les usines poussent comme des petits pois
la forêt n'est plus qu'un bois

on arrache les derniers arbres
pour que circulent les ouatures
ô promoteur urbain arrête un peu le bras
laisse aux végétariens quelques ares de square

Raymond Queneau,
Battre la campagne,
Gallimard.

Tu m'as dit…

Tu m'as dit si tu m'écris
Ne tape pas tout à la machine
Ajoute une ligne de ta main
Un mot un rien oh pas grand chose
Oui oui oui oui oui oui oui oui

Ma Remington est belle pourtant
Je l'aime beaucoup et travaille bien
Mon écriture est nette est claire
On voit très bien que c'est moi qui l'ai tapée

Il y a des blancs que je suis seul à savoir faire
Vois donc l'œil qu'à ma page
Pourtant, pour te faire plaisir j'ajoute à
l'encre
Deux trois mots
Et une grosse tache d'encre
Pour que tu ne puisses pas les lire.

Blaise Cendrars,
Du monde entier au cœur du monde,
Denoël.

Aller en ville un jour de pluie

On piétine la boue
en attendant le car
le car est en retard
la colère qui bout

enfin voici le car
il fait gicler la boue
on voyage debout
le car est en retard

ça sent le drap mouillé
la sueur qui s'évapore
sur les vitres la buée
Ce moyen de transport

nous amène à la ville
on s'y fait insulter
des agents peu civils
nous y mépriseraient

si farauds du terroir
on leur un peu marchait
sur leurs vastes panards
en allant au marché

les garçons de café
nous servent peu aimables
ils n'ont pas de respect
pour la terre labourable

la journée est finie
on rentre par le car
la boue toujours jaillit
pressée par les chauffards

voici notre village
voici notre maison
il pleut il pleut bergère
rentre tes bleus moutons

Raymond Queneau,
Battre la campagne,
Gallimard.

Il faut faire signe au machiniste

La dame attendait l'autobus
Le monsieur attendait l'autobus
passe un chien noir qui boitait
la dame regarde le chien
le monsieur regarde le chien
et pendant ce temps-là l'autobus passa

Raymond Queneau,
Courir les rues,
Gallimard.

IXATNU SIOFNNUT I AVAY

Y avait une fois un taxi
taxi taxi taximètre
qui circulait dans Paris
taxi taxi taxi cuit

il aimait tant les voyages
taxi taxi taximètre
qu'il allait jusqu'en Hongrie
taxi taxi taxi cuit

et qu'il traversait la Manche
taxi taxi taximètre
en empruntant le ferry
taxi taxi taxi cuit

un beau jour il arriva
taxi taxi taximètre
dans les déserts d'Arabie
taxi taxi taxi cuit

il y faisait tellment chaud
taxi taxi taximètre
que sa carrossrie fondit
taxi taxi taxi cuit

et de même le châssis
taxi taxi taximètre
et tous les pneus y compris
taxi taxi taxi cuit

chauffeurs chauffeurs de taxi
taxi taxi taximètre
écoutez cette morale
taxi taxi taxi cuit

lorsque vous quittez Paris
taxi taxi taximètre
emportez un parapluie
taxi taxi taxi cuit

parapluie ou bien ombrelle
taxi taxi taximètre
un mot est bien vite dit
taxi taxi taxi cuit

Raymond Queneau,
Courir les rues,
Gallimard.

Lettres et Nombres au Tableau

7	fois	1	font	7
7	——	2	——	14
7	——	3	——	21
7	——	4	——	28
7	——	5	——	35
7	——	6	——	42
7	——	7	——	49
7	——	8	——	56
7	——	9	——	63
7	——	10	——	70

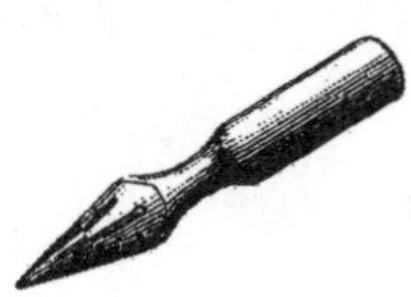

L'École

Dans notre ville, il y a
Des tours, des maisons par milliers,
Du béton, des blocs, des quartiers,
Et puis mon cœur, mon cœur qui bat
Tout bas.

Dans mon quartier, il y a
Des boulevards, des avenues,
Des places, des ronds-points, des rues,
Et puis mon cœur, mon cœur qui bat
Tout bas.

Dans notre rue, il y a
Des autos, des gens qui s'affolent,
Un grand magasin, une école,
Et puis mon cœur, mon cœur qui bat
Tout bas.

Dans cette école, il y a
Des oiseaux chantant tout le jour
Dans les marronniers de la cour.
Mon cœur, mon cœur, mon cœur qui bat
Est là.

Jacques Charpentreau,
La Ville enchantée,
© Jacques Charpentreau.

L'enfant qui est dans la lune

Cet enfant, toujours dans la lune,
s'y trouve bien, s'y trouve heureux.
Pourquoi le déranger ? La lune
est un endroit d'où l'on voit mieux.

Claude Roy,
Enfantasques,
Gallimard.

Regrets

XXVI

Bien sais, si j'eusse étudié
Au temps de ma jeunesse folle,
Et à bonnes mœurs dédié,
J'eusse maison et couche molle.
Mais quoi ? Je fuyoie l'école,
Comme fait le mauvais enfant.
En écrivant cette parole
À peu que le cœur ne me fend.
…

François Villon.
Le Testament.

L'illisible

C'est folichon
que tu m'écrives,
mais quels torchons
que tes missives !

Ton écriture
n'est que fouillis,
n'est que ratures
et gribouillis.

Je vocifère,
j'en perds les yeux :
je n'ai que faire
d'un cafouilleux.

Dénes Kiss,
Poèmes et chansons de Hongrie, choisis,
traduits et présentés par Jean-Luc Moreau,
coll. « Enfance heureuse des pays du monde »,
coédition Les Éditions Ouvrières, Turbulences et LTA.

OUÏ-DIRE

Il y a des verbes qui se conjuguent
très irrégulièrement.
Par exemple, le verbe OUÏR
Le verbe ouïr, au présent, ça fait
J'ois… j'ois…
Si au lieu de dire « j'entends », je dis
« j'ois »,
les gens vont penser que ce que j'entends
est joyeux
alors que ce que j'entends peut être
particulièrement triste.
Il faudrait préciser :
« Dieu, que ce que j'ois est triste ! »
J'ois
Tu ois…
Tu ois mon chien qui aboie le soir au fond
des bois ?
Il oit...
Oyons-nous ?
Vous oyez...
Ils oient.
C'est bête !
L'oie oit. Elle oit, l'oie !
Ce que nous oyons, l'oie l'oit-elle ?
Si au lieu de dire « l'oreille »,
on dit « l'ouïe », alors :
l'ouïe de l'oie a ouï.
Pour peu que l'oie appartienne à Louis :
– L'ouïe de l'oie de Louis a ouï.
– Ah oui ?
Et qu'a ouï l'ouïe de l'oie de Louis ?
– Elle a ouï ce que toute oie oit...
– Et qu'oit toute oie ?
– Toute oie oit, quand mon chien aboie
le soir au fond des bois,
toute oie oit :
ouah ! ouah !
Qu'elle oit, l'oie !...
Au passé, ça fait :
J'ouïs...
J'ouïs !
Il n'y a vraiment pas de quoi !

RAYMOND DEVOS,
Matière à rire,
Plon.

ÉCOLES

Ce sont les écoles de campagne, les écoles perdues.
Entre la lande et la pierraille, entre les bois et les labours ;
Il y en a près des hameaux où les chemins font carrefour ;
D'autres qu'entoure le village et d'autres à l'entrée du bourg ;
Celles aussi qu'on a bâties à l'écart sur un monticule.
Et si nos yeux pouvaient franchir cette brume qui traîne au bout,
Ils en verraient d'autres monter d'un terrain noir contre une usine,
Pâles écoles de banlieue où l'air sent le fer et le soufre ;
Et d'autres bien creusées de cours naître du cœur des grandes villes…

JULES ROMAINS,
L'Homme blanc,
Flammarion.

Alphabet

H

La barre et les deux poteaux ;
Le ballon passe.
Le rugby-club de Puteaux
Gagne la tasse

M

Sur mon papier, désert sans manne,
Tu cherches les palmiers, les puits.
As-tu perdu ta caravane,
Coursier des Mille et une Nuits ?

P

Dans la houle du Pacifique,
Coule le canot submergé ;
Au mât se gonfle, voile unique,
La chemise du naufragé.

Q

Le matou de mes pénates,
Regardant bouillir les pots,
Courte queue, oreilles plates,
Ronronne et fait le gros dos.

R

Cette reine bossue, avec sa robe à traîne
N'en a pas moins certaine grâce souveraine.

Y

Tendant ses bras désespérés
Vers le ciel vide où rien n'éclate,
Quels dieux, de nous tous ignorés,
Implore-t-il, ce cul de jatte ?

Alexandre Arnoux
in *CVII quatrains suivis d'un alphabet,*
SCAM.

Quelques mots sens dessus dessous

Négation

Pleuvoir n'est pas mentir
Sauver n'est pas dissoudre
Gravir n'est pas renaître

L'ombre n'est pas le cheval
Le regard n'est pas le torrent
Le portail n'est pas la surprise
Le couperet n'est pas la chambre

Affirmation

L'ombre c'est pleuvoir
Mentir c'est le regard
La surprise c'est la chambre
Le portail c'est le couperet
Gravir c'est sauver c'est renaître

Je ferai pleuvoir l'ombre
et le regard mentir
quand nos pas dans la chambre
seront le couperet.

Jean Tardieu,
« Formeries », « Poèmes pour la main droite »,
L'accent grave et l'accent aigu,
Gallimard.

Le Cancre

Il dit non avec la tête
mais il dit oui avec le cœur
il dit oui à ce qu'il aime
il dit non au professeur
il est debout
on le questionne
et tous les problèmes sont posés
soudain le fou rire le prend
et il efface tout
les chiffres et les mots
les dates et les noms
les phrases et les pièges
et malgré les menaces du maître
sous les huées des enfants prodiges
avec des craies de toutes les couleurs
sur le tableau noir du malheur
il dessine le visage du bonheur.

Jacques Prévert,
Paroles,
Gallimard.

Balle

À la une je surprends la lune
À la deux je la coupe en deux
À la trois je la donne aux oies
À la quatre on veut me combattre
À la cinq je rencontre un prince
À la six j'aime une écrevisse
À la sept j'attrape une comète
À la huit on me déshérite
À la neuf mes souliers sont neufs
À la dix j'ai du bénéfice.

Pierre Béarn,
in *Got/Vildrac*, « La Poèmeraie »,
Armand Colin.

La cour de mon école

La cour de mon école
Vaut bien, je crois,
La cour de Picrochole,
Le fameux roi :
Elle est pleine de charme,
Haute en couleur ;
On y joue aux gendarmes
Et aux voleurs ;
Loin des Gaulois, des Cimbres
Et des Teutons,
On échange des timbres,
À croupetons ;
Des timbres des Antilles,
De Bornéo…
Et puis on joue aux billes
Sous le préau.
Qu'on ait pris la Bastille,
C'est merveilleux,
Mais que le soleil brille,
C'est encor mieux !
Orthographe et problèmes
Sont conjurés.
École, ah ! que je t'aime
À la récré !

Jean-Luc Moreau,
« Le carré de l'hypoténuse »,
Poèmes de la souris verte,
Hachette Jeunesse.

L'Écolier

J'écrirai le jeudi j'écrirai le dimanche
quand je n'irai pas à l'école
j'écrirai des nouvelles j'écrirai des romans
et même des paraboles
je parlerai de mon village je parlerai de mes parents
de mes aïeux de mes aïeules
je décrirai les prés je décrirai les champs
les broutilles et les bestioles
puis je voyagerai j'irai jusqu'en Iran
au Tibet ou bien au Népal
et ce qui est beaucoup plus intéressant
du côté de Sirius ou d'Algol
où tout me paraîtra tellement étonnant
que revenu dans mon école
je mettrai l'orthographe mélancoliquement

Raymond Queneau,
Battre la campagne,
Gallimard.

Bien placés bien choisis...

Bien placés bien choisis
quelques mots font une poésie
les mots il suffit qu'on les aime
pour écrire un poème
on ne sait pas toujours ce qu'on dit
lorsque naît la poésie
faut ensuite rechercher le thème
pour intituler le poème
mais d'autres fois on pleure on rit
en écrivant la poésie
ça a toujours kékchose d'extrême
un poème

Raymond Queneau,
« Pour un art poétique », *L'Instant fatal,*
Gallimard.

Épithètes

Une source – corrompue
Un secret – divulgué
Une absence – pesante
Une éternité – passagère
Des ténèbres – fidèles
Des tonnerres – captifs
Des flammes – immobiles
La neige – en cendre
La bouche fermée
Les dents serrées
La parole niée
muette
bourdonnante
glorieuse
engloutie.

Jean Tardieu,
« Formeries », « Poèmes pour la main droite »,
L'accent grave et l'accent aigu,
Gallimard.

Si tu ne veux pas aller à l'école

Si tu n'veux pas aller à l'école, mon enfant,
jamais sainte Geneviève ne s'ra bergère aux champs.
Si tu n'veux pas aller à l'école, mon enfant,
jamais on n'couronnera Carolus en 800.
Si tu n'veux pas aller à l'école, mon enfant,
jamais le grand Ferré ne mourra ferraillant.
Si tu n'veux pas aller à l'école, mon enfant,
jamais Jeanne d'Arc n'ira délivrer Orléans.
Ne s'ra sacré dans Reims Charles VII, mon enfant,
si tu n'veux pas aller à l'école en chantant !
Jamais tu ne sauras nos Rois, le cœur content,
si tu n'veux pas aller à l'école en chantant !...
S'il ne veut pas aller à l'école, mon enfant jamais
n'saura qu'Auriol est le dernier roi franc…

Paul Fort,
Les Ballades françaises,
Flammarion.

Mathématiques

À Maria Blanchard.

Quarante enfants dans une salle,
Un tableau noir et son triangle,
Un grand cercle hésitant et sourd
Son centre bat comme un tambour.

Des lettres sans mots ni patrie
Dans une attente endolorie.

Le parapet dur d'un trapèze,
Une voix s'élève et s'apaise
Et le problème furieux
Se tortille et se mord la queue.

La mâchoire d'un angle s'ouvre.
Est-ce une chienne ? Est-ce une louve ?

Et tous les chiffres de la terre,
Tous ces insectes qui défont
Et qui refont leur fourmilière

Jules Supervielle,
Gravitations,
Gallimard.

Participes

Enfui
transmis
jeté
perdu.

Noyé
sauvé
Surgi
promis.

Flétri
caché
nié
repris.

Tombé
frappé
brisé
brûlé.

Décomposé.

Jean Tardieu,
« Formeries »,
« Poèmes pour la main droite »,
L'accent grave et l'accent aigu,
Gallimard.

CONJUGAISONS ET INTERROGATIONS I

J'irai je n'irai pas j'irai je n'irai pas
Je reviendrai Est-ce que je reviendrai ?
Je reviendrai je ne reviendrai pas

Pourtant je partirai (serais-je déjà parti ?)
Parti reviendrai-je ?
Et si je partais ? Et si je ne partais pas ? Et si je ne ne revenais pas ?

Elle est partie, elle ! Elle est bien partie Elle ne revient pas.
Est-ce qu'elle reviendra ? Je ne crois pas Je ne crois pas qu'elle revienne
Toi, tu es là Est-ce que tu es là ? Quelquefois tu n'es pas là.

Ils s'en vont, eux. Ils vont ils viennent
Ils partent ils ne partent pas ils reviennent ils ne reviennent plus

Si je partais, est-ce qu'ils reviendraient ?
Si je restais, est-ce qu'ils partiraient ?
Si je pars, est-ce que tu pars ?
Est-ce que nous allons partir ?
Est-ce que nous allons rester ?
Est-ce que nous allons partir ?

JEAN TARDIEU,
« Formeries », « Poèmes pour la main droite »,
L'accent grave et l'accent aigu,
Gallimard.

CONJUGAISONS ET INTERROGATIONS II

Nous restons où nous sommes
Nous restons où nous sommes arrivés.

Pourtant nous ne restons pas là où nous sommes
Nous ne restons pas où nous sommes arrivés.

Là où nous sommes tantôt nous restons, tantôt non.
Là où nous ne sommes pas arrivés, tantôt nous restons
tantôt nous ne restons pas (nous partons).

Là où nous sommes venus il se peut
Que nous restions il se peut que nous ne restions pas.

Là où tu es venu, resteras-tu ?
Ne cesseras-tu de partir, au lieu d'arriver, de rester ?
Ne finiras-tu pas d'arriver
et tantôt de rester et tantôt de partir ?

Toi qui restes, penses-tu ne jamais partir ?
Toi qui pars, saurais-tu, pourrais-tu rester ou revenir ?
Est-il possible à la fois de rester de partir,
de ne pas rester de ne pas partir ?

Tout est dissemblable tout se ressemble
ce qui part ce qui reste
ce qui est ce qui n'est pas
Ce que l'on dit a trop de sens n'a pas de sens.

JEAN TARDIEU,
« Formeries », « Poèmes pour la main droite »,
L'accent grave et l'accent aigu,
Gallimard.

Au conditionnel

Si je savais écrire je saurais dessiner
Si j'avais un verre d'eau je le ferais geler et
je le conserverais sous verre
Si on me donnait une motte de beurre je
la ferais couler en bronze
Si j'avais trois mains je ne saurais où
donner de la tête
Si les plumes s'envolaient si la neige fondait
si les regards se perdaient, je
leur mettrais du plomb dans l'aile
Si je marchais toujours tout droit devant
moi, au lieu de faire le tour du
globe j'irais jusqu'à Sirius et
au-delà
Si je mangeais trop de pommes de terre je
les ferais germer sur mon cadavre
Si je sortais par la porte je rentrerais
par la fenêtre
Si j'avalais un sabre je demanderais
un grand bol de Rouge
Si j'avais une poignée de clous je les
enfoncerais dans ma main
gauche avec ma main
droite et vice versa.

Si je partais sans me retourner, je
me perdrais bientôt de vue.

Jean Tardieu,
« Formeries »
L'accent grave et l'accent aigu,
Gallimard.

Interrogation et négation

Vous ? Moi ?
Non, personne
personne jamais
non vraiment personne jamais.

Comment ? Ni où,
ni quoi,
ni comment ?

Non vraiment personne jamais
nulle part
rien ni personne
jamais
non jamais
jamais jamais jamais
jamais
jamais
non, jamais.

Jean Tardieu,
« Formeries », « Poèmes pour la main droite »,
L'accent grave et l'accent aigu,
Gallimard.

UN ENFANT A DIT

Un enfant a dit
je sais des poèmes
un enfant a dit
chsais des poaisies

un enfant a dit
mon cœur est plein d'elles
un enfant a dit
par cœur ça suffit

un enfant a dit
ils en sav'des choses
un enfant a dit
et tout par écrit

si lpoète pouvait
s'enfuir à tire-d'aile
les enfants voudraient
partir avec lui

RAYMOND QUENEAU,
« Un enfant a dit »,
L'Instant fatal,
Gallimard.

L'ÉCOLE PUBLIQUE

À Saint-Jean-Brévelay notre école publique
Était petite et très, très pauvre : des carreaux
Manquaient et pour finir c'est qu'il en manquait trop
Pour qu'on mette partout du carton par applique,

Car il faut voir bien clair lorsque le maître explique.
Alors le vent soufflait par tous ces soupiraux
Et nous avons eu froid souvent sous nos sarraux.
Par surcroît le plancher était épisodique

Et l'on sait qu'avec l'eau du toit la terre fait
Des espèces de lacs boueux d'un bel effet.
– Pourtant j'ai bien appris dans cette pauvre école :

Orthographe, calcul, histoire des Français,
Le quatorze juillet, Valmy, la Carmagnole,
Le progrès, ses reculs, et, toujours, son succès.

GUILLEVIC,
Trente et un sonnets,
Gallimard.

LA CATASTROPHE

Quel malheur ! Ça me désole :
on vient de fermer l'école !
On a tout cadenassé !
Que je suis bouleversé !

Au soleil ou sous la pluie,
mon Dieu, que cela m'ennuie !
J'ai beau rire et m'amuser,
j'en ai le cœur tout brisé.

Quand finiront les vacances,
si j'ai survécu par chance,
épuisé de tant souffrir,
c'est moi qui viendrai rouvrir.

ISTVÁN CSUKÁS,
Poèmes et chansons de Hongrie, choisis, traduits et présentés par Jean-Luc Moreau,
coll. « Enfance heureuse des pays du monde »,
coédition Les Éditions Ouvrières, Turbulences et LTA.

Page d'écriture

Deux et deux quatre
quatre et quatre huit
huit et huit font seize
Répétez ! dit le maître
Deux et deux quatre
quatre et quatre huit
huit et huit font seize
Mais voilà l'oiseau lyre
qui passe dans le ciel
l'enfant le voit
l'enfant l'entend
l'enfant l'appelle :
Sauve-moi
joue avec moi
oiseau !
Alors l'oiseau descend
et joue avec l'enfant
Deux et deux quatre...
Répétez ! dit le maître
et l'enfant joue
l'oiseau joue avec lui...
Quatre et quatre huit
huit et huit font seize
et seize et seize qu'est-ce qu'ils font ?
Ils ne font rien seize et seize
et surtout pas trente-deux
de toute façon
et ils s'en vont.
Et l'enfant a caché l'oiseau
dans son pupitre
et tous les enfants
entendent sa chanson
et tous les enfants
entendent la musique
et huit et huit à leur tour s'en vont
et quatre et quatre et deux et deux
à leur tour fichent le camp
et un et un ne font ni une ni deux
un à un s'en vont également.
Et l'oiseau lyre joue
et l'enfant chante
et le professeur crie :
Quand vous aurez fini de faire le pitre !
Mais tous les autres enfants
écoutent la musique
et les murs de la classe
s'écroulent tranquillement.
Et les vitres redeviennent sable
l'encre redevient eau
les pupitres redeviennent arbres
la craie redevient falaise
le porte-plume redevient oiseau.

Jacques Prévert,
Paroles,
Gallimard.

L'accent circonflexe et la petite cédille

Entre deux vers
D'un long poème
D'un poème fort ennuyeux
La cédille aux yeux de verveine
qui nattait ses jolis cheveux
rencontra l'accent circonflexe
Curieuse quoiqu'un peu perplexe
Sans moi vous l'eussiez deviné
Elle lui dit pour commencer
Quel bizarre chapeau que le vôtre
Seriez-vous par hasard gendarme ou polytechnicien
Et que faites-vous donc sur le front des apôtres
Est-ce vous la colombe ou la fumée du train
Je suis je suis gentille cédille
Le S escamoté des mots de l'autrefois
C'est à l'hostellerie qu'on emmenait les filles
Le S a disparu me voici sur le toit
Et toi que fais-tu cédille
À traîner derrière les garçons
Sont-ce là d'honnêtes façons
N'es-tu point de bonne famille
Accent bel accent circonflexe
Voilà toute ma vérité
Je t'aime et pour te le prouver
Je fais un **S** avec un **C**

Jean-Pierre Rosnay,
Ab imo Pectore,
Tallone éditeur.

L'école est fermée

L'école est fermée ;
Le tableau s'ennuie ;
Et les araignées
Dit-on, étudient
La géométrie
Pour améliorer
L'étoile des toiles :
Toiles d'araignées,
Bien évidemment.

L' école est fermée
Les souris s'instruisent,
Les papillons lisent,
Les pupitres luisent,
Ainsi que les bancs.

L'école est fermée
Mais si l'on écoute
Au fond du silence,
Les enfants sont là
Qui parlent tout bas
Et dans la lumière,
Des grains de poussière,
Ils revivent toute
L'année qui passa,
Et qui s'en alla…

Georges Jean,
Écrit sur la page,
coll. « Folio Cadet »,
Gallimard Jeunesse.

En sortant de l'école

En sortant de l'école
nous avons rencontré
un grand chemin de fer
qui nous a emmenés
tout autour de la terre
dans un wagon doré
Tout autour de la terre
nous avons rencontré
la mer qui se promenait
avec tous ses coquillages
ses îles parfumées
et puis ses beaux naufrages
et ses saumons fumés
Au-dessus de la mer
nous avons rencontré
la lune et les étoiles
sur un bateau à voiles
partant pour le Japon
et les trois mousquetaires des cinq doigts de la main
tournant la manivelle d'un petit sous-marin
plongeant au fond des mers
pour chercher des oursins
Revenant sur la terre
nous avons rencontré
sur la voie de chemin de fer
une maison qui fuyait
fuyait tout autour de la terre
fuyait tout autour de la mer
fuyait devant l'hiver
qui voulait l'attraper
Mais nous sur notre chemin de fer
on s'est mis à rouler
rouler derrière l'hiver
et on l'a écrasé
et la maison s'est arrêtée
et le printemps nous a salués
C'était lui le garde-barrière
et il nous a bien remerciés
et toutes les fleurs de toute la terre
soudain se sont mises à pousser
pousser à tort et à travers
sur la voie du chemin de fer
qui ne voulait plus avancer
de peur de les abîmer
Alors on est revenu à pied
à pied tout autour de la terre
à pied tout autour de la mer
tout autour du soleil
de la lune et des étoiles
À pied à cheval en voiture et en bateau à voiles.

Jacques Prévert,
Histoires,
Gallimard.

Deux verbes en creux

J'écoute je me tais
Je me tais pour écouter,
(pour mieux écouter),
Je me tais parce que j'écoute
Si je ne me tais pas je n'écoute plus

(Taisez-vous !
Taisez-vous et écoutez !
Écoutez-le se taire
Il se tait il se taira !
vous l'écouterez.)
Si j'étais celui qui écoute
seulement pour écouter
si j'étais celui qui se tait
simplement pour se taire
vous ne cesseriez d'écouter
vous auriez peur que je me taise

Mais je ne me tais pas non je ne me tais
pas encore. Je ne pourrai jamais
me taire. Je ne cesse pas d'écouter.

Jean Tardieu,
« Formeries », « Poèmes pour la main droite »,
L'accent grave et l'accent aigu,
Gallimard.

Ponctuation

– Ce n'est pas pour me vanter,
Disait la virgule,
Mais, sans mon jeu de pendule,
Les mots, tels des somnambules,
Ne feraient que se heurter.

– C'est possible, dit le point.
Mais je règne, moi,
Et les grandes majuscules
Se moquent toutes de toi
Et de ta queue minuscule.

– Ne soyez pas ridicules,
Dit le point-virgule,
On vous voit moins que la trace
De fourmis sur une glace.
Cessez vos conciliabules

Ou, tous deux, je vous remplace !

Maurice Carême,
Au clair de la lune,
Le livre de poche Jeunesse,
coll. « Fleurs d'encre »,

Je ne veux plus aller à leur école

Seigneur, je suis très fatigué.
Je suis né fatigué.
Et j'ai beaucoup marché depuis le chant du coq
Et le morne est bien haut qui mène à leur école.
Seigneur, je ne veux plus aller à leur école ;
Faites, je vous en prie, que je n'y aille plus.
Je veux suivre mon père dans les ravines freiches
Quand la nuit flotte encore dans le mystère des bois
Où glissent les esprits que l'aube vient chasser.
Je veux aller pieds nus par les rouges sentiers
Que cuisent les flammes de midi,
Je veux dormir ma sieste au pied des lourds manguiers..
Je veux me réveiller
Lorsque, là-bas, mugit la sirène des Blancs
Et que l'Usine
Sur l'océan des cannes
Comme un bateau ancré
Vomit dans la campagne son équipage nègre…
Seigneur, je ne veux plus aller à leur école,
Faites, je vous en prie, que je n'y aille plus.
Ils racontent qu'il faut qu'un Nègre y aille
Pour qu'il devienne pareil
Aux messieurs de la ville
Aux messieurs comme il faut.
Mais moi je ne veux pas
Devenir, comme ils disent,
Un monsieur de la ville
Un monsieur comme il faut.
Je préfère flâner le long des sucreries
Où sont les sacs repus
Que gonfle un sucre brun autant que ma peau brune.
Je préfère vers l'heure où la lune amoureuse
Parle bas à l'oreille des cocotiers penchés
Écouter ce que dit dans la nuit
La voix cassée d'un vieux qui raconte en fumant
Les histoires de Zamba et de compère Lapin
Et bien d'autres choses encore
Qui ne sont pas dans les livres.
Les Nègres, vous le savez, n'ont que trop travaillé.
Pourquoi faut-il de plus apprendre dans les livres
Qui nous parlent de choses qui ne sont point d'ici ?
Et puis elle est vraiment trop triste leur école,
Triste comme
Ces messieurs de la ville
Ces messieurs comme il faut
Qui ne savent plus danser le soir au clair de lune
Qui ne savent plus marcher sur la chair de leurs pieds
Qui ne savent plus conter les contes aux veillées
Seigneur, je ne veux plus aller à leur école.

Guy Tirolien,
Balles d'or,
Présence africaine,

Pavane de la Virgule

« Quant à *Moi* ! », dit la Virgule,
J'articule et je module ;
Minuscule, mais je régule
Les mots qui s'emportaient !

J'ai la forme d'une Péninsule ;
À mon signe la phrase bascule.
Avec grâce je granule
Le moindre petit opuscule.

Quant au Point !
Cette tête de mule
Qui se prétend mon cousin !

Voyez comme il se coagule,
On dirait une pustule,
Au mieux : un grain de sarrasin.

Andrée Chedid,
Fêtes et lubies :
Petits poèmes pour les sans-âge,
Flammarion.

L'enfant qui battait la campagne

Vous me copierez deux cents fois le verbe :
Je n'écoute pas. Je bats la campagne.

Je bats la campagne, tu bats la campagne,
Il bat la campagne à coups de bâton.

La campagne ? Pourquoi la battre ?
Elle ne m'a jamais rien fait.

C'est ma seule amie, la campagne.
Je baye aux corneilles, je cours la campagne.

Il ne faut jamais battre la campagne :
on pourrait casser un nid et ses œufs.

On pourrait briser un iris, une herbe,
On pourrait fêler le cristal de l'eau.

Je n'écouterai pas la leçon.
Je ne battrai pas la campagne.

Claude Roy,
Enfantasques,
Gallimard.

ÉCOLIER DANS LA LUNE

À l'école des nuages
on découvre des pays
où nul n'est jamais parti
pas même les enfants sages

Le soleil avec la pluie
l'orage avec l'accalmie
la météorologie
bouscule le temps
les visages
et les couleurs de nos cris
dans la cour des éclaircies

Les oiseaux n'ont pas d'histoires
Les arbres n'ont pas d'ennuis
À l'école des nuages
aucun enfant n'est puni
Les rêves tournent les pages
aucune leçon ne t'ennuie
C'est l'école des nuages
elle t'ouvre sur la vie.

ALAIN BOUDET,

PAR UN POINT SITUÉ SUR UN PLAN…

Par un point situé sur un plan
On ne peut faire passer qu'une perpendiculaire
à ce plan.
On dit ça…
Mais par tous les points de mon plan à moi
On peut faire passer tous les hommes, tous
les animaux
de la terre
Alors votre perpendiculaire me fait rire.
Et pas seulement les hommes et les bêtes
Mais encore beaucoup de choses
Des cailloux
Des fleurs
Des nuages
Mon père et ma mère
Un bateau à voiles
Un tuyau de poêle
Et si cela me plaît
Quatre cents millions de perpendiculaires.

ROBERT DESNOS,
« La géométrie de Daniel »,
Destinée arbitraire,
Gallimard.

L'INSTITUTRICE

Ma plus tendre enfance. Un de mes tout premiers souvenirs,
celui qui s'attache à mon institutrice.
J'avais quatre ans. Elle était merveilleusement belle. J'en étais
follement amoureux.
C'est mon père qui l'a épousée.

JEAN L'ANSELME,
La Foire à la ferraille,

l'émoi des jours de Fête

Avenue du Maine

Les manèges déménagent.
Manèges, ménageries, où ?... et pour quels voyages ?
Moi qui suis en ménage
Depuis... ah ! y a bel âge !
De vous goûter, manèges,
Je n'ai plus... que n'ai-je ?...
L'âge.
Les manèges déménagent.
Ménager manager
De l'avenue du Maine
Qui ton manège mène
Pour mener ton ménage !
Ménage ton manège.
Manège ton manège.
Manège ton ménage.
Mets des ménagements
Au déménagement.
Les manèges déménagent.
Ah ! vers quels mirages ?
Dites pour quels voyages
Les manèges déménagent.

Max Jacob,
« Les Œuvres burlesques et mystiques
de frère Matorel au couvent de Barcelone »,
in *Saint Matorel,*
Gallimard.

À une mère

Je te salue, femme de la poussière,
femme de la lumière et de la claire nuit ;
je te salue et je t'apporte des colliers
de lèvres, de paroles vives.
Je te salue et je t'apporte
des bracelets de songeries,
des corbeilles de jours levants
et des fruits et des fleurs de mon âme
et des fleurs et des fruits de mes mains.
Je te salue et je t'apporte mes chemins
vers l'avenir, vers la patience, vers l'eau bleue.
Je t'apporte un sac de baisers,
un couffin de remerciements.
Je t'apporte aussi tout ce que tu as
et que tu m'as donné
et que je garde
en te le rendant,
ô mère.

Pierre Gamarra,
poème inédit cité in Jacques Charpentreau,
Le Livre des fêtes et des anniversaires,
coll. « Petite Enfance heureuse »,
Les Éditions de l'Atelier/Les Éditions Ouvrières.

La nouvelle année

Nouvelle année, qu'as-tu dans ta besace ?
Douze garçons, tous forts et courageux.

Douze garçons pour vous servir Madame,
Douze garçons pour vous servir Monsieur.

Les trois premiers sont souvent en colère.
Les trois suivants savent rire et chanter.

Les trois suivants remplissent vos corbeilles,
Monsieur, Madame et même vos greniers.

Les trois derniers, tout ce qu'ils ont à faire,
Tout en pleurant, ils enterrent leur mère.

Ne pleurez plus, holà ! mes douze mois,
Morte l'Année, l'Année vit, me voilà !

Louisa Paulin,
Rythmes et Cadences,
Revue du Tarn.

Saltimbanques

À Louis Dumur.

Dans la plaine les baladins
S'éloignent au long des jardins
Devant l'huis des auberges grises
Par les villages sans églises

Et les enfants s'en vont devant
Les autres suivent en rêvant
Chaque arbre fruitier se résigne
Quand de très loin ils lui font signe

Ils ont des poids ronds ou carrés
Des tambours des cerceaux dorés
L'ours et le singe animaux sages
Quêtent des sous sur leur passage

Guillaume Apollinaire,
Alcools.
Gallimard.

Anniversaire

Je voudrais te donner
une couronne
constellée de toutes les étoiles
du firmament
Je voudrais te donner
le chant des rossignols
de toute la terre
Je voudrais te donner
les silences de l'hiver
les sourires du printemps
la clarté de l'été
les flammes de l'automne
Je voudrais te donner
tout ce que je n'ai pas pu
pas su
te donner
  ma vie
  notre éternité

Philippe Soupault,
Poèmes et Poésies,
Grasset.

À maman

Maman mon étoile est en fête !
Maman, mon étoile est en fleurs !

Le ciel, aujourd'hui, pour ta fête
peut avoir toutes les couleurs :
Il n'y en a qu'une sur ma tête,
Celle de mon amour en fleurs…

Aujourd'hui, Maman, c'est ta fête
Et c'est un grand bouquet de fleurs
Que j'imagine dans ma tête
Pour le serrer contre nos cœurs.

Maman, mon étoile est en fête !
Maman, mon étoile est en fleurs !
Comme hier, elle est toujours prête
À faire un seul cœur - de nos cœurs…

Mon amour pour toi, c'est ma fête !
Et ton amour, mon âme en fleurs.

Louis Émié,
« La Poèmeraie », in *Got/Vildrac,*
Armand Colin.

Galette des Rois

Qui a la fève et la couronne ?
Papier d'or ou papier d'argent
La galette était bonne
et la fève dedans.

Petit roi d'amour aux yeux de velours
choisis la reine de ta cour !
Gentil roi, bois ! mais n'oublie pas
que le bonheur même des rois
ne dure souvent qu'un seul jour…

Andrée Hyvernaud,
poème inédit cité par Jacques Charpentreau,
in *Le Livre des fêtes et des anniversaires,*
coll. « Petite Enfance heureuse »,
Les Éditions de l'Atelier/Les Éditions Ouvrières.

Compliment

Chers parents, en ce jour de fête,
Je veux vous dire mon désir
De vous faire à tous deux plaisir.
Mais je bredouille un peu… C'est bête !

Voici mon petit compliment.
Je jure d'être toujours sage…
Toujours… Hum ! Je n'ai que mon âge.
Pourrais-je tenir mon serment ?

Car, rester tout le temps docile,
Ne pas faire ce qu'on défend,
Quelquefois, quand on est enfant,
C'est une chose difficile.

Non ! J'aime mieux ne pas jurer.
Toujours sage ? Oh ! Je le souhaite,
Mais je crains ma mauvaise tête…
Toujours sage ?... Eh bien ! J'essaierai.

Chers parents, acceptez, de grâce,
Ce pauvre petit compliment…
Merci, papa ! Merci, maman !
Et maintenant, je vous embrasse !

Lucie Delarue-Mardrus,
Poèmes mignons pour les enfants,
D. R.

Tournez, tournez, bons chevaux de bois...

Tournez, tournez, bons chevaux de bois,
Tournez cent tours, tournez mille tours,
Tournez souvent et tournez toujours,
Tournez, tournez au son des hautbois.

L'enfant tout rouge et la mère blanche,
Le gars en noir et la fille en rose,
L'une à la chose et l'autre à la pose,
Chacun se paie un sou de dimanche.

Tournez, tournez, chevaux de leur cœur,
Tandis qu'autour de tous vos tournois
Clignote l'œil du filou sournois,
Tournez au son du piston vainqueur !

C'est étonnant comme ça vous soûle
D'aller ainsi dans ce cirque bête :
Bien dans le ventre et mal dans la tête,
Du mal en masse et du bien en foule.

Tournez au son de l'accordéon,
Du violon, du trombone fous,
Chevaux plus doux que des moutons, doux
Comme un peuple en révolution.

Le vent, fouettant la tente, les verres,
Les zincs et le drapeau tricolore,
Et les jupons, et que sais-je encore ?
Fait un fracas de cinq cents tonnerres.

Tournez, dadas, sans qu'il soit besoin
D'user jamais de nuls éperons
Pour commander à vos galops ronds :
Tournez, tournez, sans espoir de foin.

Et dépêchez, chevaux de leur âme :
Déjà voici que sonne à la soupe
La nuit qui tombe et chasse la troupe
De gais buveurs que leur soif affame.

Tournez, tournez ! Le ciel est en velours
D'astres en or se vêt lentement.
L'église tinte un glas tristement.
Tournez au son joyeux des tambours !

Paul Verlaine,
Sagesse.

Pour mon papa

J'écris le mot agneau
Et tout devient frisé :
La feuille du bouleau,
La lumière des prés.

J'écris le mot étang
Et mes lèvres se mouillent ;
J'entends une grenouille
Rire au milieu des champs.

J'écris le mot forêt
Et le vent devient branche.
Un écureuil se penche
Et me parle en secret.

Mais si j'écris papa,
Tout me devient caresse,
Et le monde me berce
En chantant dans ses bras.

Maurice Carême,
La Cage aux grillons,

LE BONIMENTEUR

Bim-boum ! Bim-boum !
Venez, les enfants,
Voir notre spectacle
Ébouriffant !

Bim-boum ! Bim-boum !
Venez, les petits,
Voir les sapajous,
Les ouistitis !

Bim-boum ! Bim-boum !
Vous applaudirez
Les rois du trapèze !
Entrez, entrez !

Bim-boum ! N'hésitez plus : sous notre chapiteau,
Vous verrez les jongleurs, les lanceurs de couteaux,
Vous verrez l'ours Albert qui fait le grand salto
Et le chien Pépito dans sa petite auto !

Bim-boum ! Bim-boum
Venez, les pitchouns,
Pleurer - mais de rire
Avec les clowns !

Bim-boum ! Bim-boum !
Allons, avancez :
Notre grand spectacle
Va commencer !

JEAN-LUC MOREAU,
« Au pays de Couci-Couça »,
Poèmes de la souris verte,
Hachette Jeunesse.

LA GALETTE

Le roi voit tu seras reine
la reine vit et je suis roi
cela en vaut-il la peine
puisque c'est toi et que c'est moi

je songe à nos épiphanies
qui furent tristes ou sereines
à ces rêves jamais finis
où j'étais roi et toi reine

Notre royaume est infini
puisqu'il est à toi et à moi
à notre amour jamais fini
quand tu es reine et moi roi

Vive le roi vive la reine
vive l'amour à bas les lois
puisque tu es la souveraine
de nos rêves et de nos joies

PHILIPPE SOUPAULT,
« Chansons (1949) »,
Poèmes et Poésies,
Grasset.

Carnaval

Venise pour le bal s'habille.
De paillettes tout étoilé,
Scintille, fourmille et babille
Le carnaval bariolé.

Arlequin, nègre par son masque,
Serpent par ses mille couleurs,
Rosse d'une note fantasque
Cassandre, son souffre-douleurs.

Battant de l'aile avec sa manche
Comme un pingouin sur un écueil,
Le blanc Pierrot, par une blanche,
Passe la tête et cligne l'œil.

Le Docteur bolonais rabâche
Avec la basse aux sons traînés ;
Polichinelle, qui se fâche,
Se trouve une croche pour nez.

Heurtant Trivelin qui se mouche
Avec un trille extravagant,
À Colombine Scaramouche
Rend son éventail ou son gant.

Sur une cadence se glisse
Un domino ne laissant voir
Qu'un malin regard en coulisse
Aux paupières de satin noir.

Ah ! fine barbe de dentelle,
Que fait voler un souffle pur,
Cet arpège me dit : C'est elle !
Malgré tes réseaux, j'en suis sûr,

Et j'ai reconnu, rose et fraîche,
Sous l'affreux profil de carton,
Sa lèvre au fin duvet de pêche,
Et la mouche de son menton.

Théophile Gautier,
Émaux et Camées.

Carnaval à l'école

Arlequin bariolé
De losanges, de carrés,
De triangles rouges
Qui sans cesse bougent.

Habillé tout en blanc,
Pierrot rêve nez au vent :
Il pense à sa belle
Assis auprès d'elle.

Fée, pirate et mariée
Ce jour se sont rencontrés ;
Sourit la princesse
En ses longues tresses.

Petits pieds dégourdis,
La musique les convie
À entrer en danse
Pour qu'ils se fiancent.

Gina Chenouard,
poème inédit cité par Jacques Charpentreau,
in *Le Livre des fêtes et des anniversaires,*
coll. « Petite Enfance heureuse »,
Les Éditions de l'Atelier/Les Éditions Ouvrières.

Fête foraine

Heureux comme la truite remontant le torrent
Heureux le cœur du monde
Sur son jet d'eau de sang
Heureux le limonaire
Hurlant dans la poussière
De sa voix de citron
Un refrain populaire
Sans rime ni raison
Heureux les amoureux
Sur les montagnes russes
Heureuse la fille rousse
Sur son cheval blanc
Heureux le garçon brun
Qui l'attend en souriant
Heureux cet homme en deuil
Debout dans sa nacelle
Heureuse la grosse dame
Avec son cerf-volant
Heureux le vieil idiot
Qui fracasse la vaisselle
Heureux dans son carrosse
Un tout petit enfant
Malheureux les conscrits
Devant le stand de tir
Visant le cœur du monde
Visant leur propre cœur
Visant le cœur du monde
En éclatant de rire.

Jacques Prévert,
Paroles,
Gallimard.

L'an nouveau

Je vous offre avec l'an nouveau
Trois pousses de sureau

Je vous offre pour vos étrennes
Trois petits poils de renne

Pour arroser la vieille année
Trois gouttes de rosée

Pour honorer le bel an neuf
Une coquille d'œuf

Avec mes souhaits très sincères
Deux onces de mystère

Et si vous n'êtes pas contents
Contentez-vous d'un coup de vent…

Jean-Louis Le Dizet,
poème inédit cité par Jacques Charpentreau,
in *Le Livre des fêtes et des anniversaires,*
coll. « Petite Enfance heureuse »,
Les Éditions de l'Atelier/Les Éditions Ouvrières.

Poisson d'avril !

C'est aujourd'hui que les enfants
Font manger la soupe à leur mère,
Apprennent à lire à leur père
Et font voler les éléphants :
Tout est permis, tout est facile,
Puisque c'est le Premier Avril !

Mon livre de calcul fleurit,
Mon vélo agite ses ailes,
La crémière est une gazelle
Et la Loire passe à Paris,
Capitale de la Sicile,
Pour fêter le Premier avril.

J'ai entendu chanter mon chien,
J'ai vu flotter une baleine
Dans un bocal de porcelaine,
J'ai vu un Académicien
Embrasser un sergent de ville :
Et vive le Premier avril !

Ce qui gratte un peu dans le dos,
Est-ce une tour de Notre-Dame ?
Un baiser ? Un hippopotame ?
Est-ce une corne d'escargot ?
C'est peut-être une automobile ?
Mais non ! C'est un poisson d'avril !

Petit poisson deviendra grand :
Dans la saison où tu te caches,
Si je t'attrape, je t'attache,
Je pêche avec toi le printemps
Qui saute et danse au bout du fil
Comme un joli poisson d'avril.

Noël Prévost,
poème inédit cité par Jacques Charpentreau,
in *Le Livre des fêtes et des anniversaires*,
coll. « Petite Enfance heureuse »,
Les Éditions de l'Atelier/Les Éditions Ouvrières.

Au diable vos vers !

« avec tous mes vœux »

Moi, Popaul,
qu'habite à l'entresol
Boulevard Sébastopol,
fils de Sébastien Lacouture
mécanicien sur la grande ceinture
et de la grande Mirza
qu'est balayeuse à l'Opéra
souhaite que tous les poètes de l'univers
connaissent cette année entière
les affres et les colères
de rester en carafe
devant leurs vers.

Jean l'Anselme,
poème inédit cité par Jacques Charpentreau,
in *Le Livre des fêtes et des anniversaires*,
coll. « Petite Enfance heureuse »,
Les Éditions de l'Atelier/Les Éditions Ouvrières.

L'an nouveau

Que dites-vous ?
C'est l'an nouveau
qui déjà frappe au carreau

Je ne veux pas le voir
j'ai fait un nœud à ma mémoire
et ne me souviens que d'hier

car je préfère l'an d'avant
l'an d'avant que je sois vieille

j'avais vingt ans
j'avais le temps
et toute la vie à venir
par des chemins frais et lents

Aux fenêtres
il faudrait mettre
des barreaux
un verrou sur la porte

Je vous en prie
ne laissez pas entrer ici
l'an nouveau
car s'il entre, il faut que j'en sorte

Brigitte Richter,
poème inédit cité par Jacques Charpentreau,
in *Le Livre des fêtes et des anniversaires*,
coll. « Petite Enfance heureuse »,
Les Éditions de l'Atelier/Les Éditions Ouvrières.

Fêtes

Pour la fête à Vercingétorix
Nous irons à l'Obélisque

Pour la fête d'Attila
Nous irons Porte des Lilas
Pour y manger du chocolat

Pour la fête à Clovis
Nous pêcherons des écrevisses

Pour la Saint-Charlemagne
Nous irons à la campagne
Pour y boire du champagne

Pour la fête à Dagobert
Nous mettrons des chapeaux verts

Pour la fête à Mazarin
Nous irons dans les grands magasins

Pour fêter la fête à Pasteur
Nous remettrons notre pendule à l'heure

Poùr la fête à Victor Hugo
Nous irons au Trocadéro
Nous sucerons des berlingots.

Bernard Jourdan,
poème inédit cité par Jacques Charpentreau,
in *Le Livre des fêtes et des anniversaires*,
coll. « Petite Enfance heureuse »,
Les Éditions de l'Atelier/Les Éditions Ouvrières.

Maman

(À dire par un jeune enfant
à l'oreille d'une maman)

Maman, Maman,
Il pleut des roses.
C'est le printemps
Qui les dépose.

Moi, je choisis
Celle qui tremble
Car aujourd'hui,
Tu lui ressembles.

Tu es, Maman,
Comme une fleur
Dont on entend
Battre le cœur.

Pierre Coran,
poème inédit cité par Jacques Charpentreau,
in *Le Livre des fêtes et des anniversaires,*
coll. « Petite Enfance heureuse »,
Les Éditions de l'Atelier/Les Éditions Ouvrières.

La Saint-Clown

L undi c'est décidé
A rrêté municipal,

S ur proposition d'Amédé
A cclamé maire idéal
I nstitution plaidée :
N ous déclarons vitale
T ous : la Saint-Clown est fondée

C hapiteau rouge rue Port-Royal,
L unettes à pois, quinquets fardés,
O urs savant jouant des cymbales,
W agonnets d'or, cirques bondés,
N otre nouvelle fête est triomphale.

Mymi Doinet,
poème inédit cité par Jacques Charpentreau,
in *Le Livre des fêtes et des anniversaires,*
coll. « Petite Enfance heureuse »,
Les Éditions de l'Atelier/Les Éditions Ouvrières.

Année nouvelle

Année nouvelle
donne-moi les oiseaux
qui possèdent les mots
doux et tendres
les mots du cœur
du grand large
et de l'évasion.

Année nouvelle
donne-moi les fruits d'or
dont chaque graine
égrène les notes
qui chantent la douceur
d'aimer en arpège
jusqu'aux montagnes bleues
derrière l'horizon.

Luce Guilbaud,
poème inédit cité par Jacques Charpentreau,
in *Le Livre des fêtes et des anniversaires,*
coll. « Petite Enfance heureuse »,
Les Éditions de l'Atelier/Les Éditions Ouvrières.

Fête de la Musique

Wagner en pelote
Lulli les journaux
Chopin quotidien
Bach à glace
Mozart lyrique
Tchaïkovsky alpin
Liszt électoral
Ravel majuscule
Haendel minuscule
Berlioz l'impossible
Pour qui Mendelssohn le glas ?
Beethoven quelle chance
Bartok authentique
Et Xenakis me…

Classiques et pourtant déconcertants
tout ces gens !

Jacques Caillaud,
poème inédit cité par Jacques Charpentreau,
in *Le Livre des fêtes et des anniversaires,*
coll. « Petite Enfance heureuse »,
Les Éditions de l'Atelier/Les Éditions Ouvrières.

Pour mon père

Mon père aimé, mon père à moi,
Toi qui me fais bondir
Sur tes genoux
Comme un chamois,

Que pourrais-je te dire
Que tu ne sais déjà ?

Il fait si doux
Quand ton sourire
Éclaire tout
Sous notre toit !

Je me sens fort, je me sens roi
Quand je marche à côté de toi.

Maurice Carême,
Volière,

Pour ma mère

Il y a plus de fleurs
Pour ma mère, en mon cœur,
Que dans tous les vergers ;

Plus de merles rieurs
Pour ma mère, en mon cœur,
Que dans le monde entier ;

Et bien plus de baisers
Pour ma mère, en mon cœur,
Qu'on en pourrait donner.

Maurice Carême,
La Lanterne magique,

Les Rois Mages

Ils perdirent l'Étoile, un soir. Pourquoi perd-on
l'Étoile ? Pour l'avoir parfois trop regardée…
Les deux Rois Blancs, étant des savants de Chaldée,
Tracèrent sur le sol des cercles, au bâton.

Ils firent des calculs, grattèrent leur menton…
Mais l'Étoile avait fui comme fuit une idée.
Et ces hommes dont l'âme eut soif d'être guidée
Pleurèrent en dressant les tentes de coton.

Mais le pauvre Roi Noir, méprisé des deux autres,
Se dit : « Pensons aux soifs qui ne sont pas les nôtres,
Il faut donner quand même à boire aux animaux ».

Et tandis qu'il tenait un seau d'eau par son anse,
dans l'humble rond de ciel où buvaient les chameaux
il vit l'Étoile d'or qui dansait en silence.

Edmond Rostand,
Le Cantique de l'Aile (1).

Comptine du Carnaval

*(À danser en secouant la tête
et en jetant des confettis)*

Si tu dis oui,
Confetti.
Si tu dis non,
Cotillon.
Si tu dis oui,
Accroupi.
Si tu dis non,
Tourne en rond.

Si tu ne dis
Ni oui, ni non,
Tourne en rond
Accroupi,
Cotillons et confettis.

Carl Norac,
poème inédit cité par Jacques Charpentreau,
in *Le Livre des fêtes et des anniversaires,*
coll. « Petite Enfance heureuse »,
Les Éditions de l'Atelier/Les Éditions Ouvrières.

La réunion de famille

Ma tante Agathe
Vient des Carpates
À quatre pattes

Mon oncle André
Vient de Niamey
À cloche-pied

Mon frère Tchou
Vient de Moscou
Sur les genoux

Ma sœur Loulou
Vient de Padou
À pas de loup

Grand-mère Ursule
Vient d'Ashtabule
Sur les rotules

Grand-père Armand
Vient de Ceylan
En sautillant

Ma nièce Ada
Vient de Java
À petits pas

Mon neveu Jean
Vient d'Abidjan
Clopin-clopant

Oncle Firmin
Vient de Pékin
Sur les deux mains

Mais tante Henriette
Vient à la fête
En bicyclette

Jacques Charpentreau,
in *La Nouvelle Guirlande de Julie*,
Les Éditions de l'Atelier/Les Éditions Ouvrières.

La Chandeleur

Les chandelles de la Chandeleur
chantent qu'il est l'heure
de faire sauter les crêpes-Suzette.

Écoutez bien les Amis
la recette
de la pâte à crêpes :

De la farine
pour Pauline,
de la vanille
pour Camille,
trois gros œufs
pour Mathieu,
une cuillère en bois
pour Nicolas.

Versez le lait !
Bien mélanger,
Ohé ! Ohé !

Une poêle à frire
pour Palmyre,
un peu de beurre
pour ma sœur.

Et un tour de main
d'un petit malin
pour que les comètes
tombent dans l'assiette.

(250 g de farine, + œufs, + 1/2 litre de lait,
+ un peu de vanille.)

Anne-Marie Derèse,
poème inédit cité par Jacques Charpentreau,
in *Le Livre des fêtes et des anniversaires*,
coll. « Petite Enfance heureuse »,
Les Éditions de l'Atelier/Les Éditions Ouvrières.

Voyages à la Carte

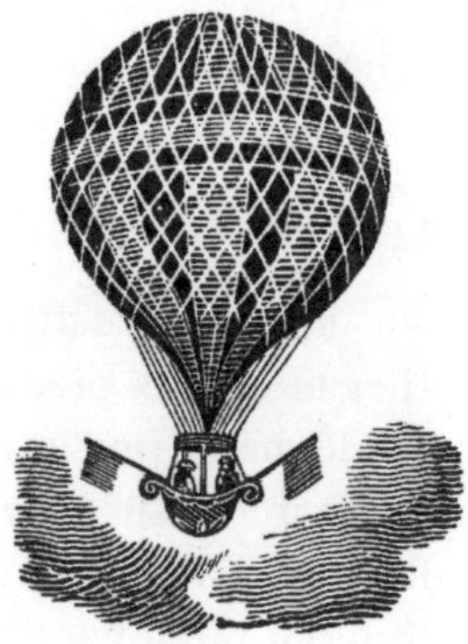

Les pas

Sur un chemin battu à la semelle
Hier, mes deux pieds sont partis.
Tôt le matin, peu avant le soleil.
Ils iront loin sur les routes pierreuses…
Reviendront-ils ? Je n'en sais rien.
Ils n'ont point fait de bruit
Et sont partis tout seuls
Sans demander chaussure.

Et c'est à mes souliers de ville
Que je serai forcé de demander mon chemin,
Aujourd'hui et demain.
Ils me le donneront volontiers.
Pourtant,
J'aurai regret de mes pieds véritables,
De leur façon d'écraser le destin
Mais tous les pas qu'ils m'ont appris :
Le pas du matelot
Celui du bûcheron
Celui de l'acrobate
Et le pas du marcheur
Et le pas du poète
Et le pas du trappeur

Tous ces pas sont perdus
Si mes pieds ne reviennent pas.
Ah ! J'aurais dû savoir
Que les trottoirs des villes…

Mais c'est trop tard,
Mes deux pieds sont partis
Sans adieu ni merci,
Sans avis, sans bruit.

Gilles Vigneault,
Étraves,
Nouvelles Éditions de l'Arc, Montréal.

L'avion

L'avion, au fond du ciel clair,
Se promène dans les étoiles
Tout comme les barques à voiles
Vont sur la mer.

C'est un moulin des anciens âges
Qui soudain a quitté le sol
Et qui, par-dessus les villages,
A pris son vol.

Les oiseaux ont peur de ses ailes,
Mais les enfants le trouvent beau,
Ce grand cerf-volant sans ficelles
Qui va si haut.

Moi, plus tard, en aéroplane,
Plus hardi que les plus hardis,
Je compte bien aller – sans peine –
Au Paradis.

Lucie Delarue-Mardrus,
Poèmes mignons pour les enfants,
D. R.

MON PETIT BONHOMME DE CHEMIN

Mon petit bonhomme
De chemin
Ne menait pas à Rome
Comme
Tous ces chemins
Qui partent
Pour arriver
Et que l'on peut trouver
Sur les cartes.

Ce n'était pas
Un de ces sentiers battus
Comme il y en a
Tant
Un de ces sentiers battus
Et pas contents
Qui se font tout le temps
Marcher dessus.

C'était un sentier
De jeunesse,
Le chemin des écoliers,
De l'occasion, de l'herbe tendre
Des cailloux blancs

Et des feuilles mortes
Qui ne se ramassent pas à la pelle.

Il aimait échanger
Des propos en l'air,
Avec le vent léger
Faire
De charmants saluts
Aux primevères
Des talus.

Les écureuils
Lui faisaient de l'œil,
Les escargots en bavaient
Et les hirondeaux
Y jouaient
Au rondeau
....

Je l'avais découvert
Derrière
Un petit bois.

Ma 2 CV et moi
Lui avions tout de suite
Plu.
Il n'avait pas pris la fuite
Tout éperdu
Comme
Lorsqu'il voyait les autres hommes.

Il était devenu
Mon petit bonhomme
De chemin.
....

ROLAND BACRI,
Le petit poète,
Éditions La Découverte et Syros.

Demain, dès l'aube…

Demain, dès l'aube, à l'heure où blanchit la campagne,
Je partirai. Vois-tu, je sais que tu m'attends.
J'irai par la forêt, j'irai par la montagne.
Je ne puis demeurer loin de toi plus longtemps.

Je marcherai les yeux fixés sur mes pensées,
Sans rien voir au dehors, sans entendre aucun bruit,
Seul, inconnu, le dos courbé, les mains croisées,
Triste, et le jour pour moi sera comme la nuit.

Je ne regarderai ni l'or du soir qui tombe,
Ni les voiles au loin descendant vers Harfleur,
Et quand j'arriverai, je mettrai sur ta tombe
Un bouquet de houx vert et de bruyère en fleur.

Victor Hugo,
« Autrefois », livre quatrième,
Les Contemplations.

Cavalier à la fontaine

À la fraîche fontaine
Sous le grand peuplier,
À la fraîche fontaine
S'arrête un cavalier.

Son cheval est blanc
D'écume et de poussière,
Il est blanc de la queue
Jusques à la crinière.

À la fraîche fontaine
Sous le grand peuplier,
À la fraîche fontaine
S'arrête un cavalier.

Jean Moréas,
Choix de poésies.

Si j'avais une bicyclette

Si j'avais une bicyclette,
J'irais dès le soleil levant,
Par les routes blanches et nettes
J'irais plus vite que le vent.

Si j'avais une automobile
Je roulerais au clair matin,
Je roulerais de ville en ville
Jusqu'aux murailles de Pékin.

Ernest Pérochon,
Au point du jour,
Delagrave.

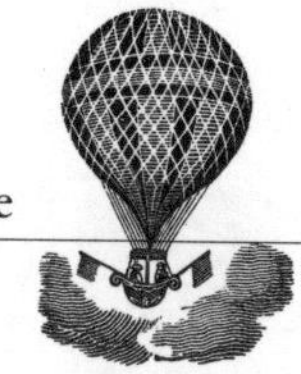

L'invitation au voyage

Mon enfant, ma sœur,
Songe à la douceur
D'aller là-bas vivre ensemble !
Aimer à loisir,
Aimer et mourir
Au pays qui te ressemble !
Les soleils mouillés
De ces ciels brouillés
Pour mon esprit ont les charmes
Si mystérieux
De tes traîtres yeux,
Brillant à travers leurs larmes.

Là, tout n'est qu'ordre et beauté,
Luxe, calme et volupté.
Des meubles luisants,
Polis par les ans,
Décoreraient notre chambre ;
Les plus rares fleurs
Mêlant leurs odeurs
Aux vagues senteurs de l'ambre,
Les riches plafonds,
Les miroirs profonds,
La splendeur orientale,
Tout y parlerait
À l'âme en secret
Sa douce langue natale.

Là, tout n'est qu'ordre et beauté,
Luxe, calme et volupté.
Vois sur ces canaux
Dormir ces vaisseaux
Dont l'humeur est vagabonde ;
C'est pour assouvir
Ton moindre désir
Qu'ils viennent du bout du monde.
– Les soleils couchants
Revêtent les champs,
Les canaux, la ville entière,
D'hyacinthe et d'or ;
Le monde s'endort
Dans une chaude lumière.
Là, tout n'est qu'ordre et beauté,
Luxe, calme et volupté.

Charles Baudelaire,
« Spleen et Idéal »,
Les Fleurs du Mal.

Pour en finir

Je suis né d'une erreur du vent et de la mer
C'est pourquoi j'ai vécu au rythme des marées
Poisson-lune égaré sur un chemin de terre
Je n'ai fait que passer sans pouvoir respirer

Tristan Cabral,
Le passeur de silence,
Éditions La Découverte et Syros.

Rien ne sert de courir

Un grain de blé s'envola
en l'air loin de l'aire
un grain de blé voyagea
parcourant la terre entière

un oiseau qui l'avala
traversa l'Atlantique
et brusquement le rejeta
au-dessus du Mexique

un autre oiseau qui l'avala
traversa le Pacifique
et brusquement le rejeta
au-dessus de la Chine

traversant bien des rizières
traversant bien des deltas
traversant bien des rivières
traversant bien des toundras

dans son pays il revint
brisé par tant d'aventures
et pour finir il devint
un tout petit tas de farine
Pas la peine de tant courir
pour suivre la loi commune

Raymond Queneau,
Battre la campagne,
Gallimard.

Heureux qui, comme Ulysse…

Heureux qui, comme Ulysse, a fait un beau voyage,
Ou comme celui-là qui conquit la toison,
Et puis est retourné, plein d'usage et raison,
Vivre entre ses parents le reste de son âge !

Quand reverrai-je, hélas, de mon petit village
Fumer la cheminée, et en quelle saison
Reverrai-je le clos de ma pauvre maison,
Qui m'est une province, et beaucoup davantage ?

Plus me plaît le séjour qu'ont bâti mes aïeux,
Que des palais romains le front audacieux,
Plus que le marbre dur me plaît l'ardoise fine :

Plus mon Loire gaulois que le Tibre latin,
Plus mon petit Liré, que le mont Palatin,
Et plus que l'air marin la douceur angevine.

Joachim du Bellay,
Les Regrets.

Départ

L'horizon s'incline
Les jours sont plus longs
Voyage
Un cœur saute dans une cage
Un oiseau chante
Il va mourir
Une autre porte va s'ouvrir
Au fond du couloir
Où s'allume
Une étoile
Une femme brune
La lanterne du train qui part

Pierre Reverdy,
Les ardoises du toit,
Flammarion.

VOYAGE AVEC MONSIEUR MONSIEUR

Avec Monsieur Monsieur
je m'en vais en voyage.
Bien qu'ils n'existent pas
je porte leurs bagages.
Je suis seul ils sont deux.

Lorsque le train démarre
je vois sur leur visage
la satisfaction
de rester immobiles
quand tout fuit autour d'eux.

Comme ils sont face à face
chacun a ses raisons.
L'un dit : les choses viennent
et l'autre : elles s'en vont.

Quand le train les dépasse
est-ce que les maisons
subsistent ou s'effacent ?
moi je dis qu'après nous
ne reste rien du tout.

– Voyez comme vous êtes !
lui répond le premier,
pour vous rien ne s'arrête
moi je vois l'horizon
de champs et de villages
longuement persister.
Nous sommes le passage
nous sommes la fumée...

C'est ainsi qu'ils devisent
et la discussion
devient si difficile
qu'ils perdent la raison.

Alors le train s'arrête
avec le paysage
alors tout se confond.

JEAN TARDIEU,
« Monsieur Monsieur »,
Le fleuve caché,
Gallimard.

PARTIR, IL FAUT PARTIR...

Partir, il faut partir. Il faut quitter vite, disparaître vers les régions de l'anonyme, vers le possible. Partir... Mais pour où ? Quel pays m'attend ? Quelle nouvelle vie, plus vaste, plus libre que l'ancienne pourrait être la mienne ? Comment ne pas traîner avec soi les guenilles familières, comment secouer les jougs, les coutumes, les terribles habitudes qui ont creusé leurs sillons ? Je ne sais pas si cela est possible, oui, s'il est possible vraiment d'oublier, mais j'ai en moi comme cette porte ouverte au bout du très long corridor.

J.-M. G. LE CLÉZIO,
L'Extase matérielle,
Gallimard.

Le relais

En voyage, on s'arrête, on descend de voiture ;
Puis entre deux maisons on passe à l'aventure,
Des chevaux, de la route et des fouets étourdi,
L'œil fatigué de voir et le corps engourdi.

Et voici tout à coup, silencieuse et verte,
Une vallée humide et de lilas couverte,
Un ruisseau qui murmure entre les peupliers, –
Et la route et le bruit sont bien vite oubliés !

On se couche dans l'herbe et l'on s'écoute vivre,
De l'odeur du foin vert à loisir on s'enivre,
Et sans penser à rien on regarde les cieux...
Hélas ! une voix crie : « En voiture, messieurs ! »

Gérard de Nerval,
Odelettes.

Emportez-moi

Emportez-moi dans une caravelle,
Dans une vieille et douce caravelle,
Dans l'étrave, ou si l'on veut, dans l'écume,
Et perdez-moi, au loin, au loin.

Dans l'attelage d'un autre âge.
Dans le velours trompeur de la neige.
Dans l'haleine de quelques chiens réunis.
Dans la troupe exténuée des feuilles mortes.

Emportez-moi sans me briser, dans les baisers,
Dans les poitrines qui se soulèvent et respirent,
Sur les tapis des paumes et leur sourire,
Dans les corridors des os longs, et des articulations.

Emportez-moi, ou plutôt enfouissez-moi.

Henri Michaux,
« Mes propriétés »,
La nuit remue,
Gallimard.

L'AVION

Un avion a atterri
cet après-midi
sur une page blanche
de mon livre ouvert.

Il a dessiné de ses huit roues
comme une mèche de cheveux
au beau milieu de la feuille ;
puis lentement s'est rangé,
en bas,
à gauche,
près du numéro 36.

36 passagers sont descendus.
Ils m'ont parlé en 36 langues,
de 36 millions d'enfants
que je ne connaissais pas.

Et mon livre traduisait,
et mon livre jubilait.

ALAIN SERRES,
N'écoute pas celui qui répète,
Cheyne éditeur
(Manier-Mellinette).

BAGATELLES

Vous reviendrez me voir, dit-elle
Quand vous serez riche à millions
Quand les roses de Bagatelle,
Sous la neige s'épanouiront.

Lavant le sable des rivières,
Brisant le quartz, ouvrant le tronc
Des caoutchoucs à la lisière
D'un enfer d'arbres aux fûts ronds,

Libérant des nids de pétrole,
Ou labourant les Alaskas,
Quatre-vingts ans, la terre molle
Cacha le trésor des Incas.

Quand il revint, elle était morte,
Il était bête, il était vieux,
Mais les amants de cette sorte
Ne sont pas tellement nombreux.

Que fleurissent à Bagatelle
Les roses de poudre et frimas,
Mais que fleurissent surtout celles
Que l'on aime jusqu'au trépas.

ROBERT DESNOS,
« Bagatelles »,
Destinée arbitraire,
Gallimard.

Route nationale 7

De toutes les routes de France, d'Europe
Celle que je préfère, c'est celle qui conduit
En auto ou en auto-stop
Vers les rivages du Midi

Nationale 7
Il faut la prendre qu'on aille à Rome, à Sète
Que l'on soit deux, trois, quatre, cinq, six ou sept
C'est une route qui fait recette

Route des vacances
Qui traverse la Bourgogne et la Provence
Qui fait de Paris un petit faubourg de Valence
Et la banlieue de Saint-Paul-de-Vence

Le ciel d'été
Remplit nos cœurs de sa lucidité
Chasse les aigreurs et les acidités
Qui font le malheur des grandes cités, toutes excitées

On chante en fête
Les oliviers sont bleus, ma petite Lisette
L'amour joyeux est là qui fait risette
On est heureux, Nationale 7

Route des vacances
Qui traverse la plus belle partie de la France
Qui fait de Paris un petit faubourg de Valence
Et la banlieue de Saint-Paul-de-Vence

Le ciel d'été
Remplit nos cœurs de sa lucidité
Chasse les aigreurs et les acidités
Qui font le malheur des grandes cités, toutes excitées

On chante en fête
Les oliviers sont bleus, ma petite Lisette
L'amour joyeux est là qui fait risette
On est heureux Nationale 7
On est heureux Nationale 7
On est heureux Nationale 7…

Charles Trenet,
Éditions Raoul Breton.

Îles

Îles
Îles
Îles où l'on ne prendra jamais terre
Îles où l'on ne descendra jamais
Îles couvertes de végétations
Îles tapies comme des jaguars
Îles muettes
Îles immobiles
Îles inoubliables et sans nom
Je lance mes chaussures par-dessus bord car je voudrais
bien aller jusqu'à vous.

Blaise Cendrars,
Feuilles de Route,
Denoël.

Partir

Partir !
Aller n'importe où,
vers le ciel
ou vers la mer,
vers la montagne
ou vers la plaine !
Partir !
Aller n'importe où,
vers le travail,
vers la beauté
ou vers l'amour !
Mais que ce soit avec une âme pleine
de rêves et de lumières,
avec une âme pleine
de bonté, de force et de pardon !

S'habiller de courage et d'espoir,
et partir,
malgré les matins glacés,
les midis de feu,
les soirs sans étoiles.
Raccommoder, s'il le faut,
nos cœurs
comme des voiles trouées,
arrachées
au mât des bateaux.
Mais partir !
Aller n'importe où
et malgré tout !

Mais accomplir une œuvre !
Et que l'œuvre choisie
soit belle,
et qu'on y mette tout son cœur,
et qu'on lui donne toute sa vie.

Cécile Chabot,
Poésie manège d'étoiles,
Centre de psychologie et de pédagogie, Montréal.

Gare du Nord

Si vous passez par ici,
venez donc me voir.
J'habite à côté de la gare,
Gare du Nord à Paris.

Tous ces trains qui arrivent,
qui démarrent,
chaque jour et chaque nuit,
le dimanche comme le jeudi,
ça va, ça vient, ça fait du bruit.
Ça me donne le tournis.

J'observe les voyageurs.
Ils courent, ils courent
ainsi que des fourmis,
après le train de midi.

Trop tard ! Il est déjà parti !
Nous n'irons pas à Lille aujourd'hui.

On ne rit pas avec le chef de gare.
Midi, c'est midi.

Gilbert Delahaye,
in Jacques Charpentreau,
La Ville des poètes,
coll. « Fleurs d'encre »,
Hachette Jeunesse.

THÈME 12

Les intermittences du Cœur

Le p'tit bonheur

C'était un petit bonheur
Que j'avais ramassé
Il était tout en pleurs
Sur le bord d'un fossé.
Quand il m'a vu passer
Il s'est mis à crier
« Monsieur ramassez-moi,
Chez vous, emmenez-moi.
...

J'ai pris le p'tit bonheur,
L'ai mis sous mes haillons,
J'ai dit « Faut pas qu'il meure,
Viens donc dans ma maison ».
Alors le p'tit bonheur
A fait sa guérison
Sur le bord de mon cœur
Il avait une chanson.
...

Mon bonheur a fleuri
Il a fait des bourgeons
C'était le paradis
Ça s'voyait sur mon front
Or un matin joli
Quand j'sifflais ce refrain
Mon bonheur est parti
sans me donner la main.
...

J'ai bien pensé mourir
De chagrin et d'ennui
J'avais cessé de rire
C'était toujours la nuit.
Il me restait l'oubli
Il me restait l'mépris
Enfin, que j'me suis dit
Il me reste la vie.
...

Félix Leclerc,
Éditions musicales Raoul Breton.

Bonjour la vie

Bonjour la vie, bonjour
Je frappe à ta porte, m'entends-tu
Je frappe à ta porte, m'ouvres-tu
Je frappe à ta porte, me réponds-tu
Bonjour la vie, ma mère est morte, le sais-tu
Bonjour la vie, j'ai vingt ans, comprends-tu
Bonjour la vie, je frappe aux portes, à tellement de portes
Et personne, personne, jamais personne ne répond, le sais-tu
Bonjour la vie, j'ai faim de justice, l'admets-tu
Bonjour la vie, j'ai soif de vivre, t'en occupes-tu

Lucien Gerville-Réache,
in Edmond Dupland, *les Poètes de la Guadeloupe*,
Éditions Jean Grassin.

Mon Rêve familier

Je fais souvent ce rêve étrange et pénétrant
D'une femme inconnue, et que j'aime, et qui m'aime
Et qui n'est, chaque fois, ni tout à fait la même
Ni tout à fait une autre, et m'aime et me comprend.

Car elle me comprend, et mon cœur, transparent
Pour elle seule, hélas ! cesse d'être un problème
Pour elle seule, et les moiteurs de mon front blême,
Elle seule les sait rafraîchir, en pleurant.

Est-elle brune, blonde ou rousse ? – Je l'ignore.
Son nom ? Je me souviens qu'il est doux et sonore
Comme ceux des aimés que la Vie exila.

Son regard est pareil au regard des statues,
Et, pour sa voix, lointaine, et calme, et grave, elle a
L'inflexion des voix chères qui se sont tues.

Paul Verlaine,
« Melancholia »,
Poèmes saturniens.

Perdue et retrouvée

Si vous me dites ce que je pense
et que le temps est perdu
je croirai que vous oubliez
la chance et la vérité

Perdue dans la forêt
des vérités éclatantes
la lune se tait
et vous dormez

Mes rêves ne sont pas à vendre
et je ne donne que le reflet
de ce qui brûle et dévore
l'angoisse et l'amour mêlés

Philippe Soupault,
« Chansons (1949) »,
Poèmes et Poésies,
Grasset.

Je voudrais pas crever

…
Je voudrais pas mourir
Sans qu'on ait inventé
Les roses éternelles
La journée de deux heures
La mer à la montagne
La montagne à la mer
La fin de la douleur
Les journaux en couleur
Tous les enfants contents
Et tant de trucs encore
Qui dorment dans les crânes
Des géniaux ingénieurs
Des jardiniers joviaux
Des soucieux socialistes
Des urbains urbanistes
Et des pensifs penseurs
Tant de choses à voir
À voir et à z-entendre
Tant de temps à attendre
À chercher dans le noir...
…

Boris Vian,
Je voudrais pas crever,
Jean-Jacques Pauvert.

Sonnet

Moi, je vis la vie à côté,
Pleurant alors que c'est la fête.
Les gens disent : « Comme il est bête ! »
En somme, je suis mal coté.

J'allume du feu dans l'été,
Dans l'usine je suis poète ;
Pour les pitres je fais la quête.
Qu'importe ! J'aime la beauté.

Beauté des pays et des femmes,
Beauté des vers, beauté des flammes,
Beauté du bien, beauté du mal.

J'ai trop étudié les choses ;
Le temps marche d'un pas normal :
Des roses, des roses, des roses !

Charles Cros,
« Tendresse »,
Le Collier de griffes.

Dans une fosse comme un ours…

Dans une fosse comme un ours
Chaque matin je me promène
Tournons tournons tournons toujours
Le ciel est bleu comme une chaîne
Dans une fosse comme un ours
Chaque matin je me promène

Dans la cellule d'à côté
On y fait couler la fontaine
Avec les clefs qu'il fait tinter
Que le geôlier aille et revienne
Dans la cellule d'à côté
On y fait couler la fontaine

Guillaume Apollinaire,
« À la Santé »,
Alcools,
Gallimard.

L'avenir

Soulevons la paille
Regardons la neige
Écrivons des lettres
Attendons des ordres

Fumons la pipe
En songeant à l'amour
Les gabions sont là
Regardons la rose

La fontaine n'a pas tari
Pas plus que l'or de la paille ne s'est terni
Regardons l'abeille
Et ne songeons pas à l'avenir

Regardons nos mains
Qui sont la neige
La rose et l'abeille
Ainsi que l'avenir

Guillaume Apollinaire,
« La tête étoilée »,
Calligrammes,
Gallimard.

La quête

Rêver un impossible rêve
Porter le chagrin des départs
Brûler d'une possible fièvre
Partir où personne ne part
Aimer jusqu'à la déchirure
Aimer même trop, même mal
Tenter sans force et sans armure
D'atteindr'l'inaccessible étoile.

Telle est ma quête
Suivre l'étoile
Peu importe ma chance
Peu m'importe le temps
Ou ma désespérance
Et puis lutter toujours
Sans questions ni repos, se damner
Pour l'or d'un mot d'amour.

Je ne sais si je s'rais ce héros
Mais mon cœur s'rait tranquille
Et les villes s'éclabouss'raient de bleu
Parce qu'un malheureux
Brûle encore bien qu'ayant tout brûlé
Brûle encore, même trop, même mal
Pour atteindre à s'en écarteler
Pour atteindre l'inaccessible étoile.

Darion, Leigh, Brel,
La quête, (the impossible dream),

Je vis, je meurs…

Je vis, je meurs, je me brûle et me noie.
J'ai chaud extrême en endurant froidure :
La vie m'est et trop molle et trop dure,
J'ai grands ennuis entremêlés de joie :

Tout à coup je ris et je larmoie,
Et en plaisir, maint grief tourment j'endure :
Mon bien s'en va, et à jamais il dure :
Tout en un coup je sèche et je verdoie.

Ainsi Amour inconstamment me mène :
Et quand je pense avoir plus de douleur,
Sans y penser je me trouve hors de peine.

Puis quand je crois ma joie être certaine,
Et être au haut de mon désiré heur,
Il me remet en mon premier malheur.

Louise Labé,
Le Débat de Folie et d'Amour, sonnet VIII.

Des yeux pour voir

Des yeux pour voir
Le jour, le soir,
Le petit loir,
Les raisins noirs,
Les raisins verts
Et les éclairs
Dans le miroir.

Des yeux pour voir
Le ciel du soir,
La lune rouge
Un arbre noir…

Des yeux pour voir
Les cheveux blonds
Les cheveux noirs
Les cheveux blancs,
L'ombre du soir.

Des yeux pour voir
Un cœur qui tremble,
Une main tendre.

Pierre Gamarra,
La tarte aux pommes,
coffret « Tire Lyre 1 »,
L'école des loisirs.

C'est demain dimanche

Il faut apprendre à sourire
même quand le temps est gris
Pourquoi pleurer aujourd'hui
quand le soleil brille
C'est demain la fête des amis
des grenouilles et des oiseaux
des champignons des escargots
n'oublions pas les insectes
les mouches et les coccinelles
Et tout à l'heure à midi
j'attendrai l'arc-en-ciel
violet indigo bleu vert
jaune orange et rouge
et nous jouerons à la marelle

Philippe Soupault,
La Nouvelle Guirlande de Julie,
Les Éditions de l'Atelier/Les Éditions Ouvrières.

Est-ce vous

Qui est fou
est-ce moi est-ce vous
est-ce le temps avec sa faux
ou la cloche qui sonne faux
est-ce le père est-ce l'enfant
est-ce le cerf ou bien le faon
la nuit et tous ses parfums
le rêveur et ses songes sans fin
celui qui mange sans avoir faim
est-ce vous est-ce moi enfin
C'est moi c'est vous
il faut aimer à la folie
croire au songe et à l'oubli
bien sage est qui l'avoue

Philippe Soupault,
« Chansons (1949) »,
Poèmes et Poésies,
Grasset.

MIRAGE

Souvent je vais à la rencontre de nuages
et je m'aperçois qu'il n'y a plus de nuages.

Souvent je vais à la rencontre d'une étoile
et je m'aperçois qu'il n'y a plus d'étoiles.

Souvent je vais à la rencontre d'une rivière
et je m'aperçois qu'il n'y a plus de rivière.

Souvent je vais à la rencontre d'un village
et je m'aperçois qu'il n'y a plus de village.

Souvent je vais à la rencontre de mon cœur
et je m'aperçois qu'il n'y a plus de cœur.

Souvent je vais à la rencontre de moi-même
et je m'aperçois que je n'ai jamais vécu.

PAUL FORT,
Ballades françaises.

RONDEL

à dire et à redire
pour passer sa colère

Cornebleu, saperlipopette,
Vertuchou de ventre-saint-gris !
Que j'attrape le malappris
Qui m'a fait cette entourloupette,

Oui, je l'ai dit, je le répète,
Il en perdra le goût du riz,
Cornebleu, saperlipopette,
Vertuchou de ventre-saint-gris !

Deux pruneaux dans mon escopette,
Et pan ! pan ! vous m'avez compris…
Malheur à lui s'il n'a pas pris
À temps la poudre d'escampette,
Cornebleu, saperlipopette !

JEAN-LUC MOREAU,
« Le carré de l'hypoténuse »,
Poèmes de la souris verte,
Hachette Jeunesse.

CHANTEPLEURE

Chantecaille fleur des rues
Chantepie fleur des bois
Chanteloup fleur des eaux
Chantamour fleur des nuits
Chantemort fleur des pois
Pleurivresse fruit de l'aube
Pleurétreinte fruit des yeux
Pleuraccueil fruit des mains
Pleurémoi fruit des lèvres
Pleurez-moi fruit du temps.

ROBERT DESNOS,
« Youri 1930 Poésie »,
Destinée arbitraire,
Gallimard.

Un *haïku* n'est pas un poème, ce n'est pas de la littérature : c'est une main tendue, une porte entrouverte, un miroir qu'on essuie. C'est une voie de retour à la nature, à notre nature qui est aussi celle de la lune, de la fleur de cerisier, de la feuille morte...

Le vieil étang.
Une grenouille y plonge.
Plop !

BASHO.

Les feuilles mortes
reposent l'une sur l'autre.
La pluie tombe sur la pluie.

Désolation de l'hiver :
en traversant un petit hameau,
un chien aboie.

SHIKI.

Comment savoir où est la tête
et où la queue
de la sangsue ?

KYORAI.

Une feuille morte
regagnant sa branche ?
Non, c'est un papillon.

Le lointain épouvantail
marchait avec moi
tandis que j'allais.

Le grésil tombe.
Solitude infinie,
insondable.

Tristesse de l'hiver.
Dans un monde d'une seule couleur,
le bruit du vent.

Brouillard du soir.
Je pense aux choses passées.
Comme elles sont loin !

SHIKI.

Les oies sauvages ne font pas exprès de projeter leur image sur l'eau
Et ce n'est pas exprès que l'eau la reçoit.

ZENRIN-KUSHU.

– Toutes ces montagnes, tous ces fleuves et la Terre elle-même, d'où viennent-ils ? demandait un moine.
– Et d'où vient ta question ? dit le Maître.

MONDO.

Les feuilles mortes tombent et s'entassent
La pluie tombe sur la pluie tombée.

GYODAI.

Comment faut-il chanter ?
La grenouille et l'alouette
sont là-dessus d'un avis différent.

SHIKI.

Le saule peint le vent
sans avoir besoin d'un pinceau.

SARYU.

Mon magasin ayant brûlé de fond en comble
Plus rien ne me cache la vue de la lune qui brille.

MASAHIDE.

Le voleur a laissé derrière lui
la lune qui brille à la fenêtre.

RYOKAN.

Les oies sauvages n'ont pas besoin de calendrier
pour revenir d'un pays à l'autre.

SHUMPA.

Extraits de NANCY WILSON ROSS,
Le Monde du zen,
trad. Claude Elsen,
Stock.

JE HAIS LES HAIES

Je hais les haies
qui sont des murs.
Je hais les haies
et les mûriers
qui font la haie
le long des murs.
Je hais les haies
qui sont de houx.
Je hais les haies
qu'elles soient de mûres
qu'elles soient de houx !
Je hais les murs
qu'ils soient en dur
qu'ils soient en mou !
Je hais les haies
qui nous emmurent.
Je hais les murs
qui sont en nous !

RAYMOND DEVOS,
Matière à rire,
Plon.

Hommage à la vie

C'est beau d'avoir élu
Domicile vivant
Et de loger le temps
Dans un cœur continu,
Et d'avoir vu ses mains
Se poser sur le monde
Comme sur une pomme
Dans un petit jardin,
D'avoir aimé la terre,
La lune et le soleil,
Comme des familiers
Qui n'ont pas leurs pareils,
Et d'avoir confié
Le monde à sa mémoire
Comme un clair cavalier
À sa monture noire,
D'avoir donné visage
À ces mots : femme, enfants,
Et servi de rivage
À d'errants continents,
Et d'avoir atteint l'âme
À petits coups de rame
Pour ne l'effaroucher
D'une brusque approchée.
C'est beau d'avoir connu
L'ombre sous le feuillage
Et d'avoir senti l'âge
Ramper sur le corps nu,
Accompagné la peine
Du sang noir dans nos veines
Et doré son silence
De l'étoile Patience,
Et d'avoir tous ces mots
Qui bougent dans la tête,
De choisir les moins beaux
Pour leur faire un peu fête,
D'avoir senti la vie
Hâtive et mal aimée,
De l'avoir enfermée
Dans cette poésie.

Jules Supervielle,
« 1939-1945 »,
Œuvres poétiques complètes,
Bibliothèque de la Pléiade,
Gallimard.

Tous les matins...

Tous les matins
le soleil entre chez Si Lmokhtar
pille la mémoire du miroir
monte sur l'échelle
et s'en va en riant

Tahar Ben Jelloun,
« Asilah : saison d'écume »,
Les amandiers sont morts de leurs blessures,
coll. « Points »,
Éditions La Découverte et Syros.

La rose du premier de l'an

Connaissez-vous la rose-lune
Connaissez-vous la rose-temps
L'autant ressemble autant à l'une
Que dans le miroir de l'étang
L'une à l'autre se reflétant

Connaissez-vous la rose-amère
Faite de sel et de refus
Celle qui fleurit sur la mer
Entre le flux et le reflux
Comme l'arc après qu'il a plu

La rose-songe et la rose-âme
Par bottes au marché vendues
La rose-jeu la rose-gamme
Celle des amours défendues
Et la rose des pas perdus

Connaissez-vous la rose-crainte
Connaissez-vous la rose-nuit
Toutes les deux qui semblent peintes
Comme à la lèvre est peint le bruit
Comme à l'arbre est pendu le fruit.

Toutes les roses que je chante
Toutes les roses de mon choix
Toutes les roses que j'invente
Je les vante en vain de ma voix
Devant la Rose que je vois.

Louis Aragon,
Elsa,
Gallimard.

L'enfant qui va aux commissions

« Un pain, du beurre, un camembert,
mais surtout n'oublie pas le sel.
Reviens pour mettre le couvert,
ne va pas traîner la semelle. »

L'enfant s'en va le nez au vent.
Le vent le voit. Le vent le flaire.
L'enfant devient un vol-au-vent,
l'enfant devient un fils de l'air.

« Reviens, reviens, au nom de Dieu !
Tu fais le malheur de ton père.
Ma soupe est déjà sur le feu.
Tu devais mettre le couvert ! »

Léger, bien plus léger que l'air,
l'enfant est sourd à cet appel.
Il est déjà à Saint-Nazaire.
Il oublie le pain et le sel.

Parents, de chagrin étouffant
d'avoir un fils si égoïste,
parents sans sel et sans enfant,
que votre dîner sera triste !

Claude Roy,
Enfantasques,
Gallimard.

Mais le renard…

Mais le renard revint à son idée :
« – Ma vie est monotone. Je chasse les poules, les hommes me chassent. Toutes les poules se ressemblent, et tous les hommes se ressemblent. Je m'ennuie donc un peu. Mais, si tu m'apprivoises, ma vie sera comme ensoleillée. Je connaîtrai un bruit de pas qui sera différent de tous les autres. Les autres pas me font rentrer sous terre. Le tien m'appellera hors du terrier, comme une musique. Et puis regarde ! Tu vois, là-bas, les champs de blé ? Je ne mange pas de pain. Le blé pour moi est inutile. Les champs de blé ne me rappellent rien. Et ça, c'est triste ! Mais tu as des cheveux couleur d'or. Alors ce sera merveilleux quand tu m'auras apprivoisé ! Le blé, qui est doré, me fera souvenir de toi. Et j'aimerai le bruit du vent dans le blé… »
Le renard se tut et regarda longtemps le petit prince :
« – S'il te plaît… » apprivoise-moi ! dit-il.
…

Antoine de Saint-Exupéry,
Le Petit Prince, XXI,
Gallimard.

Les larmes quelquefois…

Les larmes quelquefois montent aux yeux
comme d'une source,
elles sont de la brume sur des lacs,
un trouble du jour intérieur,
une eau que la peine a salée.

La seule grâce à demander aux dieux lointains,
aux dieux muets, aveugles, détournés,
à ces fuyards,
ne serait-elle pas que toute larme répandue
sur le visage proche
dans l'invisible terre fît germer
un blé inépuisable ?

Philippe Jaccottet,
À la lumière d'hiver,
Gallimard.

L'oubli

Il y avait une table.
Il y avait des chaises.

Et il oublia quoi.
Il retenait son souffle.

Il y avait une pendule.
Il y avait un buffet.

Il y avait une fenêtre.
Des oiseaux y passaient.

Il leva les yeux.
Il les vit passer.

Mohammed Dib,
L'enfant-jazz,
coll. « Clepsydre »,
Éditions de la Différence.

Quand les hommes vivront d'amour

Quand les hommes vivront d'amour
Il n'y aura plus de misère
Et commenceront les beaux jours
Mais nous, nous serons morts, mon frère
Quand les hommes vivront d'amour
Ce sera la paix sur la terre
Les soldats seront troubadours
Mais nous, nous serons morts, mon frère
Dans la grand'chaîne de la vie
Où il fallait que nous passions
Où il fallait que nous soyons
Nous aurons eu la mauvaise partie
Quand les hommes vivront d'amour
Il n'y aura plus de misère
Et commenceront les beaux jours
Mais nous, nous serons morts, mon frère
Mais quand les hommes vivront d'amour
Qu'il n'y aura plus de misère
Peut-être song'ront-ils un jour
À nous, qui seront morts, mon frère
Nous qui aurons aux mauvais jours
Dans la haine et puis dans la guerre
Cherché la paix, cherché l'amour
Qu'ils connaîtront, alors, mon frère
Dans la grand'chaîne de la vie
Pour qu'il y ait un meilleur temps
Il faut toujours quelques perdants
De la sagesse ici-bas, c'est le prix
Quand les hommes vivront d'amour
Il n'y aura plus de misère
Et commenceront les beaux jours
Mais nous, nous serons morts, mon frère

Paroles et musique de Raymond Levesque,
S.E.M.I.

Une oursonne aimait un oursin…

Une oursonne aimait un oursin,
Un oursin de l'île de Sein.
L'oursonne était de Vallorcine,
Mais flânait, bien sûr à dessein,
Du Jour des Morts à la Toussaint,
Du côté de chez Bécassine.

Mon bel oursin, tu me fascines,
Disait l'oursonne, est-ce bien sain ?
Moi qui naguère, à Vallorcine,
Ai vu quatre ou cinq médecins
Pour que sans faute ils me vaccinent
Contre l'amour et ses toxines,
Quand je te sens contre mon sein,
Il me semble qu'on m'assassine !

Oursin, retourne à tes oursines !
Tout là-bas, dans le saint des saints
Des rochers de l'île de Sein,
Leurs pleurs mouillent tant de coussins,
Traversent tant de traversins,
Font déborder tant de bassines,
Que l'océan, sombre piscine,
En est salé jusqu'à Messine,
Jusqu'aux abysses abyssins,
Et même jusqu'au Pont-Euxin.

Jean-Luc Moreau,
« Une oursonne aimait un oursin... »,
Poèmes de la souris verte,
Hachette Jeunesse.

Barbara

Rappelle-toi Barbara
Il pleuvait sans cesse sur Brest ce jour-là
Et tu marchais souriante
Épanouie ravie ruisselante
Sous la pluie
Rappelle-toi Barbara
Il pleuvait sans cesse sur Brest
Et je t'ai croisée rue de Siam
Tu souriais
Et moi je souriais de même
Rappelle-toi Barbara
Toi que je ne connaissais pas
Toi qui ne me connaissais pas
Rappelle-toi
Rappelle-toi quand même ce jour-là
N'oublie pas
Un homme sous un porche s'abritait
Et il a crié ton nom
Barbara
Et tu as couru vers lui sous la pluie
Ruisselante ravie épanouie
Et tu t'es jetée dans ses bras
Rappelle-toi cela Barbara
Et ne m'en veux pas si je te tutoie
Je dis tu à tous ceux que j'aime
Même si je ne les ai vus qu'une seule fois
Je dis tu à tous ceux qui s'aiment
Même si je ne les connais pas
Rappelle-toi Barbara
N'oublie pas
Cette pluie sage et heureuse
Sur ton visage heureux
Sur cette ville heureuse
Cette pluie sur la mer
Sur l'arsenal
Sur le bateau d'Ouessant
Oh Barbara
Quelle connerie la guerre
Qu'es-tu devenue maintenant
Sous cette pluie de fer
De feu d'acier de sang
Et celui qui te serrait dans ses bras
Amoureusement
Est-il mort disparu ou bien encore vivant
Oh Barbara
Il pleut sans cesse sur Brest
Comme il pleuvait avant
Mais ce n'est plus pareil et tout est abîmé
C'est une pluie de deuil terrible et désolée
Ce n'est même plus l'orage
De fer d'acier de sang
Tout simplement des nuages
Qui crèvent comme des chiens
Des chiens qui disparaissent
Au fil de l'eau sur Brest
Et vont pourrir au loin
Au loin très loin de Brest
Dont il ne reste rien.

Jacques Prévert,
Paroles,
Gallimard.

J'aimais

J'aimais les fées et les princesses
Qu'on me disait n'exister pas
J'aimais le feu et la tendresse
Tu vois je vous rêvais déjà

J'aimais les tours hautes et larges
Pour voir au large venir l'amour
J'aimais les tours de cœur de garde
Tu vois je vous guettais déjà

J'aimais le col ondoyant des vagues
Les saules nobles languissant vers moi
J'aimais la ligne tournante des algues
Tu vois je vous savais déjà

J'aimais courir jusqu'à tomber
J'aimais la nuit jusqu'au matin
Je n'aimais rien non j'ai adoré
Tu vois je vous aimais déjà

J'aimais l'été pour ses orages
Et pour la foudre sur le toit
J'aimais l'éclair sur ton visage
Tu vois je vous brûlais déjà

J'aimais la pluie noyant l'espace
Au long des brumes du pays plat
J'aimais la brume que le vent chasse
Tu vois je vous pleurais déjà

J'aimais la vigne et le houblon
Les villes du nord les laides de nuit
Les fleuves profonds m'appelant au lit
Tu vois je vous oubliais déjà

Jacques Brel,
Éditions musicales Pouchenel, 1963.

Soleils couchants

À Catulle Mendès.

Une aube affaiblie
Verse par les champs
La mélancolie
Des soleils couchants.
La mélancolie
Berce de doux chants
Mon cœur qui s'oublie
Aux soleils couchants.
Et d'étranges rêves,
Comme des soleils
Couchants sur les grèves,
Fantômes vermeils,
Défilent sans trêves,
Défilent, pareils
À des grands soleils
Couchants sur les grèves.

Paul Verlaine,
« Paysages tristes »,
Poèmes saturniens.

Dès qu'un homme...

Dès qu'un homme cherche le bonheur, il est condamné à ne pas le trouver, et il n'y a point de mystère là-dedans. Le bonheur n'est pas comme cet objet en vitrine, que vous pouvez choisir, payer, emporter ; si vous l'avez bien regardé, il sera bleu ou rouge chez vous comme dans la vitrine. Tandis que le bonheur n'est bonheur que quand vous le tenez ; si vous le cherchez dans le monde, hors de vous-même, jamais rien n'aura l'aspect du bonheur. En somme on ne peut ni raisonner ni prévoir au sujet du bonheur ; il faut l'avoir maintenant. Quand il paraît être dans l'avenir, songez-y bien, c'est que vous l'avez déjà. Espérer, c'est être heureux.

Alain,
Propos sur le bonheur,
Gallimard.

Le bonheur

Le bonheur est dans le pré, cours-y vite, cours-y vite, le bonheur est dans le pré. Cours-y vite. Il va filer.

Si tu veux le rattraper, cours-y vite, cours-y vite, si tu veux le rattraper, cours-y vite. Il va filer.

Dans l'ache et le serpolet, cours-y vite, cours-y vite, dans l'ache et le serpolet, cours-y vite. Il va filer.

Sur les cornes du bélier, cours-y vite, cours-y vite, sur les cornes du bélier, cours-y vite. Il va filer.

Sur le flot du sourcelet, cours-y vite, cours-y vite, sur le flot du sourcelet, cours-y vite. Il va filer.

De pommier en cerisier, cours-y vite, cours-y vite, de pommier en cerisier, cours-y vite. Il va filer.

Saute par-dessus la haie, cours-y vite, cours-y vite, saute par-dessus la haie, cours-y vite ! Il a filé !

Paul Fort,
Ballades françaises,
Flammarion.

Vers l'un

vers l'autre

Familiale

La mère fait du tricot
Le fils fait la guerre
Elle trouve ça tout naturel la mère
Et le père qu'est-ce qu'il fait le père ?
Il fait des affaires
Sa femme fait du tricot
Son fils la guerre
Lui des affaires
Il trouve ça tout naturel le père
Et le fils et le fils
Qu'est-ce qu'il trouve le fils ?
Il ne trouve rien absolument rien le fils
Le fils sa mère fait du tricot son père des affaires lui
 la guerre
Quand il aura fini la guerre
Il fera des affaires avec son père
La guerre continue la mère continue elle tricote
Le père continue il fait des affaires
Le fils est tué il ne continue plus
Le père et la mère vont au cimetière
Ils trouvent ça tout naturel le père et la mère
La vie continue la vie avec le tricot la guerre les affaires
Les affaires la guerre le tricot la guerre
Les affaires les affaires et les affaires
La vie avec le cimetière.

Jacques Prévert,
Paroles,
Gallimard.

PÉTALES DE VOIX

Il faut tout dire
Écoute
Un coin des lèvres se déchire
Il y a le grand vent
Un filon de soleil dans la houille du temps,
Pour toi la nuit entière
La douleur sous la main
L'eau fraîche sous la pierre
Et l'homme qui se lève du fond du lendemain
Sur les flancs du chemin
L'écume de la terre
Au bord de l'horizon
Des guirlandes de pas
Ce qui force le cœur
Et qui ne revient pas

RENÉ GUY CADOU,
« Morte saison », in *Poésie la vie entière*,
Seghers.

LE PLUS IMPORTANT DANS LA VIE…

Le plus important dans la vie,
mon garçon,
c'est l'air pour respirer,
c'est l'eau pure pour boire,
c'est le lait pour se nourrir,
c'est le temps pour bien le remplir.
Mon garçon, parfois
l'air s'appelle liberté,
l'eau pure est synonyme d'amitié,
le lait est pour tous ceux qu'on aime,
la terre est un devoir,
le temps est une conscience.

ALAIN BOSQUET,
Un jour après la vie,
© Alain Bosquet

PARIS

Ô Paris, ville ouverte
Ainsi qu'une blessure,
Que n'es-tu devenue
De la campagne verte.

Te voilà regardée
Par des yeux ennemis,
De nouvelles oreilles
Écoutent nos vieux bruits.

La Seine est surveillée
Comme du haut d'un puits
Et ses eaux jour et nuit
Coulent emprisonnées.

Tous les siècles français
Si bien pris dans la pierre
Vont-ils pas nous quitter
Dans leur grande colère ?

L'ombre est lourde de têtes
D'un pays étranger.
Voulant rester secrète
Au milieu du danger

S'éteint quelque merveille
Qui préfère mourir
Pour ne pas nous trahir
En demeurant pareille.

JULES SUPERVIELLE,
« 1939-1945 »,
Œuvres poétiques complètes, Bibliothèque de la Pléiade,
Gallimard.

Nos mains

Sur une arme les doigts noués
Pour agresser, serrer les poings
Mais nos paumes sont pour aimer
Y'a pas de caresse en fermant les mains

Longues, jointes en une prière
Bien ouvertes pour acclamer
Dans un poing les choses à soustraire
On ne peut rien tendre les doigts pliés

Quand on ouvre nos mains
Suffit de rien dix fois rien
Suffit d'une ou deux secondes
À peine un geste, un autre monde
Quand on ouvre nos mains

Mécanique simple et facile
Des veines et dix métacarpiens
Des phalanges aux tendons dociles
Et tu relâches ou bien tu retiens

Et des ongles faits pour griffer
Poussent au bout du mauvais côté
Celui qui menace ou désigne
De l'autre on livre nos vies dans les lignes

Quand on ouvre nos mains
Suffit de rien dix fois rien
Suffit d'une ou deux secondes
À peine un geste, un autre monde
Quand on ouvre nos mains

Un simple geste d'humain
Quand se desserrent ainsi nos poings
Quand s'écartent nos phalanges
Sans méfiance, une arme d'échange
Des champs de bataille en jardin

Le courage du signe indien
Un cadeau d'hier à demain
Rien qu'un instant d'innocence
Un geste de reconnaissance
Quand on ouvre comme un écrin
Quand on ouvre nos mains

Jean-Jacques Goldman,

Jamais je ne pourrai

Jamais jamais je ne pourrai dormir tranquille aussi longtemps
que d'autres n'auront pas le sommeil et l'abri
ni jamais vivre de bon cœur tant qu'il faudra que d'autres
meurent qui ne savent pas pourquoi
J'ai mal au cœur mal à la terre mal au présent
Le poète n'est pas celui qui dit Je n'y suis pour personne
Le poète dit J'y suis pour tout le monde
Ne frappez pas avant d'entrer
Vous êtes déjà là
Qui vous frappe me frappe
J'en vois de toutes les couleurs
J'y suis pour tout le monde

Pour ceux qui meurent parce que les Juifs il faut les tuer
pour ceux qui meurent parce que les Jaunes cette race-là c'est fait pour être exterminé
pour ceux qui saignent parce que ces gens-là ça ne comprend que la trique
pour ceux qui triment parce que les pauvres c'est fait pour travailler
pour ceux qui pleurent parce qu'ils ont des yeux eh bien c'est pour pleurer
pour ceux qui meurent parce que les rouges ne sont pas de bons Français
pour ceux qui paient les pots cassés du Profit et du mépris des hommes
…
Il ne s'agit plus de comprendre le monde
il faut le transformer

Je te tiens par la main
la main de tous les hommes
…

Claude Roy,
« Les circonstances »,
Poésies,
Gallimard.

Col de pigeon, Bec de lapin…

Col de pigeon,
Bec de lapin

Et du soleil
Par grand matin

Œil de chevreau,
Pied de cresson

Et peu de vent
Parmi les joncs.

Bord de nuage,
Un grain de riz

Et le soleil
Chassant la pluie

Bourgeon de pin,
Fruit qui se fend

Et l'horizon
Jamais trop grand

Sentier sans fin,
Plume de geai

Et le travail
De l'olivier.

Sous-bois de mai,
Bord de l'étang

Et l'épervier
Qui a le temps.

Rocher qui dort,
Poulain qui court

Et la prairie
Qui est autour.

Enfant qui dort,
C'est tout cela

Et c'est bien plus
Que tu verras.

Car nous aurons
Tant et tant fait

Que tu verras
Grandir la paix.

Guillevic,
« Le goût de la paix »,
Terre à bonheur,
Seghers.

Toi, dit l'enfant blanc

Toi, dit l'enfant blanc
À l'enfant noir
Tu te fonds
Dans la nuit noire

Toi, dit l'enfant jaune
À l'enfant blanc
Tu te fonds
Dans l'aube blanche

Toi, dit l'enfant rouge
À l'enfant jaune
Tu te fonds
Dans le midi du jour

Et toi, dit l'enfant noir
À l'enfant rouge
Tu te fonds
Dans le cuivre du couchant

Mais alors, mais alors
Dirent les quatre enfants
Nous sommes
Les heures vives
De la vie.

Yves Yaneck,
D. R.

Sévère mais juste

Je suis sévère mais je suis juste !
Hier soir, je rentre chez moi… qu'est-ce que j'apprends ?
Que le chat avait mangé la pâtée du chien ?
Dehors le chat !
Là-dessus, qu'est-ce que j'apprends ?
Que le chien avait mangé la côtelette de ma femme ?
Dehors le chien !
Là-dessus, qu'est-ce que j'apprends ?
Que ma femme avait mangé mon bifteck ?
Dehors la femme !
Là-dessus, qu'est-ce que je découvre ?
Que le lait que j'avais bu le matin était celui du chat !
Alors, j'ai fait rentrer tout le monde et je suis sorti…
Sévère mais juste !

Raymond Devos,
Matière à rire,
Plon.

Le Globe

Offrons le globe aux enfants, au moins pour une journée.
Donnons-leur afin qu'ils en jouent comme d'un ballon multicolore
Pour qu'ils jouent en chantant parmi les étoiles.
Offrons le globe aux enfants,
Donnons-leur comme une pomme énorme
Comme une boule de pain toute chaude,
Qu'une journée au moins ils puissent manger à leur faim.
Offrons le globe aux enfants,
Qu'une journée au moins le globe apprenne la camaraderie,
Les enfants prendront de nos mains le globe
Ils y planteront des arbres immortels.

Nâzim Hikmet,
adaptation du turc par Charles Dobzynski.

COMPAGNONS

TOUJOURS quelqu'un dans tes pas
que ce soit par le vent nocturne
qui s'élève du fond de la vallée
ou par la montagne quand l'été
rejette ses vêtements usés
pour que la terre fasse son entrée
dans l'engourdissement de l'hiver

Toujours quelqu'un dans tes pas
qui connaît le ciel déchiré
et qui des yeux
calcule la trajectoire de la pierre
qu'un autre veut t'envoyer

Toujours quelqu'un dans tes pas
qui dans la nuit où nul chemin n'est frayé
quand les chiens jappant
te barrent la porte du logis
accroche à la fenêtre
un fanal sauveur

Là toujours quelqu'un
qui se souvient de toi
ton frère, ton ami
un camarade.

HANNS CIBULKA,
in *Compagnons,*
Dix-sept poètes de la R.D.A.,
Éditions PJO.

TRAVAILLEUR...

Travailleur
Comme eux tous.

Vivant le même temps
De machines, de bruit,
De guerre, de journaux.

Les mêmes problèmes
De nourriture, de logement,
D'impôts.

Citoyen,
Comme eux tous.

Préoccupé,
Comme eux,

Par les problèmes du présent,
Du futur,

Rêvant
De cette société

Où tous
Auront loisir d'écrire.

GUILLEVIC,
Inclus,
Gallimard.

Le vieil homme et le chien

(conte des temps modernes)

Transparent au regard des passants trop pressés,
Un vieil homme est assis, transi et affamé,
Sous un porche à l'abri des frimas de janvier.
Il implore un sourire, une pièce de monnaie.

Passe un chien dans la rue, un chien de pedigree,
Une voiture suit, heurte le canidé.
Aussitôt extirpés de leurs logis douillets
Accourent de partout des bourgeois empressés.

« Ne le laissez pas là, amenez-le chez moi
j'ai une couverture afin qu'il n'ait pas froid ! »
Quelques instants après, l'animal est pansé,
Dorloté, réchauffé, maintes fois caressé.

Au dehors dans la rue le silence est tombé
Tout le monde est rentré, a fermé ses volets.
Sous son porche à l'abri des frimas de janvier
Le vieil homme soudain s'est mis à aboyer.

Daniel Boy,
in *Des rimes et des rames,*
Éditions de la Voûte.

L'échelle

Il mit le premier pied
Sur le premier barreau.

Il mit le second pied
Sur le second barreau.

J'y suis arrivé,
Dit-il. Il monta encore.

Le soleil se fit proche.
Il continua de monter.

Ses jambes tremblaient.
Lentement il montait.

Il n'avait pas peur.
Aller plus haut, dit-il.

Mohammed Dib,
L'enfant-jazz, coll. « Clepsydre »,
Éditions de la Différence.

Je suis un imbécile

Dernièrement,
j'ai rencontré un monsieur
qui se vantait d'être un imbécile.
Il disait :
– Je suis un imbécile !
Je suis un imbécile !
Je lui ai dit :
– Monsieur… c'est vite dit !
Tout le monde peut dire :
« Je suis un imbécile ! »
Il faut le prouver !
Il m'a dit :
– Je peux !
Il m'a apporté les preuves
de son imbécillité
avec tellement
d'intelligence et de
subtilité
que je me demande
s'il ne m'a pas pris
pour un imbécile !

Raymond Devos,
Matière à rire,
Plon.

UNE CROIX…

Une croix sur la porte du bureau de tabac !
Qui est mort ? C'est le Patron ? Au diable soit
le réconfort qu'il dégageait.
Depuis hier la ville a changé.

Qui donc était-ce ? Voilà, il était celui que je voyais.
Jour après jour je le voyais. Et maintenant
je suis privé de cette monotonie.
Depuis hier la ville a changé.

Il était le patron du bureau de tabac –
un point de référence à ma propre existence.
Je passais là de nuit comme de jour.
Depuis hier la ville a changé.

Mon cœur n'a que bien peu de joie,
car le lieu où je ne suis ne parle que de mort.
Horreur close du bureau de tabac !
Depuis hier la ville a changé.

Mais lui, du moins quelqu'un le voyait-il,
il était fixe, alors que moi qui vais,
Si je meurs, je ne manque à personne, et nul ne dira :
depuis hier la ville a changé…

FERNANDO PESSOA,
in Isabel Meyrelles,
Anthologie de la poésie portugaise du XIIe au XXe siècle,
trad. Armand Guibert,
Gallimard.

Il n'aurait fallu…

Il n'aurait fallu
Qu'un moment de plus
Pour que la mort vienne
Mais une main nue
Alors est venue
Qui a pris la mienne

Qui donc a rendu
Leurs couleurs perdues
Aux jours aux semaines
Sa réalité
À l'immense été
Des choses humaines

Moi qui frémissais
Toujours je ne sais
De quelle colère
Deux bras ont suffi
Pour faire à ma vie
Un grand collier d'air

Rien qu'un mouvement
Ce geste en dormant
Léger qui me frôle
Un souffle posé
Moins Une rosée
Contre mon épaule

Un front qui s'appuie
À moi dans la nuit
Deux grands yeux ouverts
Et tout m'a semblé
Comme un champ de blé
Dans cet univers

Un tendre jardin
Dans l'herbe où soudain
La verveine pousse
Et mon cœur défunt
Renaît au parfum
Qui fait l'ombre douce

Louis Aragon,
Le Roman inachevé,
Gallimard.

Bouquet

Trois pensées trois coquelicots trois soucis
Trois soucis trois roses trois œillets
Les trois roses pour mon amie
Les trois œillets pour mon ami
Les trois coquelicots pour la petite fille si triste
Les trois pensées pour mon ami
Les trois soucis pour moi.

Robert Desnos,
« Youri 1930 Poésie »,
Destinée arbitraire,
Gallimard.

Heure grave

Qui maintenant pleure quelque part dans le monde,
sans raison pleure dans le monde,
pleure sur moi.

Qui maintenant rit quelque part dans la nuit,
sans raison rit dans la nuit,
rit de moi.

Qui maintenant marche quelque part dans le monde,
sans raison marche dans le monde,
vient vers moi.

Qui maintenant meurt quelque part dans le monde,
sans raison meurt dans le monde,
me regarde.

Rainer Maria Rilke,
« Poèmes épars »,
in *Œuvres II - Poésie*,
trad. Philippe Jaccottet,
Éditions du Seuil.

Un homme est mort

Un homme est mort qui n'avait pour défense
Que ses bras ouverts à la vie
Un homme est mort qui n'avait d'autre route
Que celle où l'on hait les fusils
Un homme est mort qui continue la lutte
Contre la mort contre l'oubli

Car tout ce qu'il voulait
Nous le voulions aussi
Nous le voulons aujourd'hui
Que le bonheur soit la lumière
Au fond des yeux au fond du cœur
Et la justice sur la terre
...

Paul Eluard,
Au rendez-vous allemand,
Éditions de Minuit.

La route

L'enfant cherchait.
Une route à peine tracée.
Il y allait à tâtons.

Le chemin se perdait,
Noyé sous la pluie.
Et tombait la pluie.

Tombait la pluie.
Tombait. Il marchait.
Il la regardait tomber.

Pas âme qui vive.
Il se palpa la figure.
C'est moi, dit-il.

Ce qui manquait.
Ce qui s'était perdu.
Il ne savait plus.

Continuait la pluie.
Pleuvait la pluie.
Pleuvait la pluie.

Mohamed Dib,
L'enfant-jazz, coll. « Clepsydre »,
Éditions de la Différence.

Liberté

Sur mes cahiers d'écolier
Sur mon pupitre et les arbres
Sur le sable sur la neige
J'écris ton nom

Sur toutes les pages lues
Sur toutes les pages blanches
Pierre sang papier ou cendre
J'écris ton nom

Sur les images dorées
Sur les armes des guerriers
Sur la couronne des rois
J'écris ton nom

Sur la jungle et le désert
Sur les nids sur les genêts
Sur l'écho de mon enfance
J'écris ton nom
Sur chaque bouffée d'aurore
...

Sur la mer sur les bateaux
Sur la montagne démente
J'écris ton nom

Sur la mousse des nuages
Sur les sueurs de l'orage
Sur la pluie épaisse et fade
J'écris ton nom
...

Sur la santé revenue
Sur le risque disparu
Sur l'espoir sans souvenir
J'écris ton nom

Et par le pouvoir d'un mot
Je recommence ma vie
Je suis né pour te connaître
Pour te nommer

Liberté.

Paul Eluard,
« Poésie et vérité »,
Au rendez-vous allemand,
Éditions de Minuit.

La liberté brille dans la nuit

La liberté brille dans la nuit
Comme une étoile qu'on croit vivante,
Mais dont c'est la lumière ancienne
Que l'on regarde à la minuit.
Qui sait si sa lueur tremblante
Le temps qu'elle nous parvienne
Ne s'est pas éteinte depuis.
...

La liberté brille dans la nuit
Comme la lune pour s'alanguir
En un reflet dansant s'étale
Sur l'eau qui clapote et reluit,
Et ma main qui voudrait saisir
Entre ses doigts la lueur pâle
Sent seulement l'eau qui s'enfuit.

Gilles Servat,

Le dictionnaire se réveille en sursaut…

Le dictionnaire se réveille en sursaut
il voit la fenêtre ouverte
et un mot qui court entre les herbes

Il appelle
le mot soldat
et lui montre
le mot qui s'enfuit

Le soldat hoche la tête
glisse de sa page
et sort par la fenêtre

Dehors
il court
sur le chemin d'herbe froissée
jusqu'à la clôture
en fils barbelés

Le soldat voit bouger
sous la feuille d'un trèfle
le mot qu'il cherche
il se penche
et reconnaît le mot
liberté

Le soldat revient
par le chemin d'herbe froissée
passe par la fenêtre
s'allonge en face de sa définition
et dit au dictionnaire
je ne l'ai pas trouvé

Hubert Mingarelli,
Le Secret du funambule,
coll. « Zanzibar », Éditions Milan.

Qu'y a-t-il au-dessus de l'oiseau ?…

Qu'y a-t-il au-dessus de l'oiseau ?
demande l'enfant
il y a le ciel
répond l'aviateur

Et au-dessous de l'oiseau ?
demande l'enfant
il y a la mer
dit le marin

Qu'y a-t-il dans l'oiseau ?
demande l'enfant
il y a le cœur
dit le savant

Et dans le cœur ?
la liberté
répond le prince
derrière les grilles de son palais

Hubert Mingarelli,
Le Secret du funambule,
coll. « Zanzibar », Éditions Milan.

C'ÉTAIT UN BON COPAIN

Il avait le cœur sur la main
Et la cervelle dans la lune
C'était un bon copain
Il avait l'estomac dans les talons
Et les yeux dans nos yeux
C'était un triste copain
Il avait la tête à l'envers
Et le feu où vous pensez
Mais non quoi il avait le feu au derrière
C'était un drôle de copain
Quand il prenait ses jambes à son cou
Il mettait son nez partout
C'était un charmant copain
Il avait une dent contre Étienne
À la tienne Étienne à la tienne mon vieux
C'était un amour de copain
Il n'avait pas sa langue dans sa poche
Ni la main dans la poche du voisin
Il ne pleurait jamais dans mon gilet
C'était un copain
C'était un bon copain.

ROBERT DESNOS,
« Langage cuit »,
Corps et biens,
Gallimard.

XÉNOPHOBIE

On en lit des choses sur les murs !...
Récemment, j'ai lu sur un mur :
« Le Portugal aux Portugais !
Le Portugal aux Portugais ! »
C'est comme si l'on mettait :
« La Suisse aux Suisses ! »
Ou :
« La France aux Français ! »
Ce ne serait plus la France !
Le racisme, on vous fait une tête
comme ça avec le racisme !
Écoutez...
J'ai un ami qui est xénophobe.
C'est-à-dire qu'il ne peut pas supporter
les étrangers !
Il déteste les étrangers !
Il déteste à tel point les étrangers
que lorsqu'il va dans leur pays,
il ne peut pas se supporter !

RAYMOND DEVOS,
Matière à rire,
Plon.

Le déserteur

Monsieur le Président
Je vous fais une lettre
Que vous lirez peut-être
Si vous avez le temps

Je viens de recevoir
Mes papiers militaires
Pour partir à la guerre
Avant mercredi soir

Monsieur le Président
Je ne veux pas la faire
Je ne suis pas sur terre
Pour tuer des pauvres gens

C'est pas pour vous fâcher
Il faut que je vous dise
Ma décision est prise
Je m'en vais déserter.

Depuis que je suis né
J'ai vu mourir mon père
J'ai vu partir mes frères
Et pleurer mes enfants

Ma mère a tant souffert
Qu'elle est dedans sa tombe
Et se moque des bombes
Et se moque des vers

Quand j'étais prisonnier
On m'a volé ma femme
On m'a volé mon âme
Et tout mon cher passé

Demain de bon matin
Je fermerai ma porte
Au nez des années mortes
J'irai sur les chemins.

Je mendierai ma vie
Sur les routes de France
De Bretagne en Provence
Et je dirai aux gens

Refusez d'obéir
Refusez de la faire
N'allez pas à la guerre
Refusez de partir

S'il faut donner son sang
Allez donner le vôtre
Vous êtes bon apôtre
Monsieur le Président

Si vous me poursuivez
Prévenez vos gendarmes
Que je n'aurai pas d'armes
Et qu'ils pourront tirer

Boris Vian,
Textes et chansons,
Christian Bourgois éditeur.

THÈME 14

Les humeurs de l'Humour

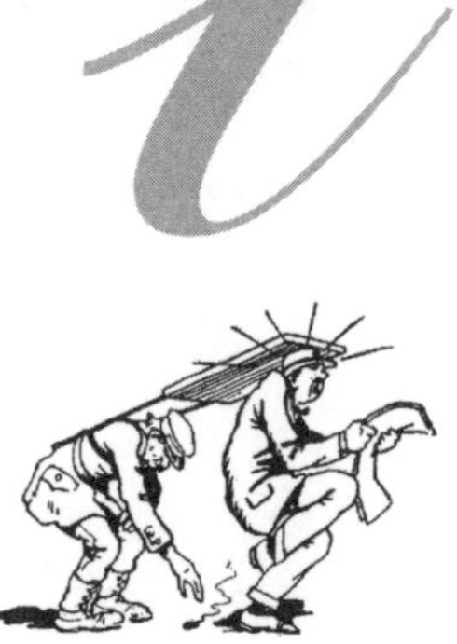

Le creux de l'oreille et le petit doigt

Je ne vois pas ce qui rapproche
la banane et le rossignol,
le soleil et la double-croche,
la marmite et le campagnol ;
ce qui fait que l'on pourrait mettre
la cascade avec l'entremets,
la cloche avec le gazomètre,
la rose avec la carpe, mais

le creux de l'oreille et le petit doigt
sont faits pour s'entendre,
sont faits pour s'entendre ;
le creux de l'oreille et le petit doigt
sont faits pour s'entendre,
cela va de soi.

La limace et la clarinette
n'ont pas grand-chose à partager ;
la différence est assez nette
entre l'ours et le boulanger ;
je vois bien tout ce qui distingue
l'astrolabe du maître-queux,
le corridor de la meringue,
mais je dois reconnaître que

le creux de l'oreille et le petit doigt
sont faits pour s'entendre,
sont faits pour s'entendre ;
le creux de l'oreille et le petit doigt
sont faits pour s'entendre,
cela va de soi.

Le risque est mince de confondre
la caserne et le pédalo,
l'Orénoque et la Tour de Londres,
la sarbacane et le vélo ;
de mélanger tarte et valise,
alligator et clair-obscur,
ornithorynque et vocalise ;
un point cependant reste sûr :

le creux de l'oreille et le petit doigt
sont faits pour s'entendre,
sont faits pour s'entendre ;
le creux de l'oreille et le petit doigt
sont faits pour s'entendre,
du moins quant à moi

je le crois.

Jean-Luc Moreau,
« Au pays de Couci-Couça »,
Poèmes de la souris verte,
Hachette Jeunesse.

Situ...

Situ
Situtrouvssachouétt
Détrin
Détrinvrépoétt
Tapu
Tapukatimétt

Sophie Elmosino,
in *Des rimes et des rames,*
Éditions de la Voûte.

Compte rendu sportif de poésie

Un mot vient de prendre la tête. Un verbe le suit de près et oblige à la pose du point final. Mais non ! Mais non ! Une simple lettre accourt vaincre la majuscule. Le point se sauve. Dans une échappée magnifique une virgule remonte. Le vide ne bouge pas au centre. Aussitôt le mot de tête l'a vu. Il ne se trouvait pas où il devait être. Il pousse les syllabes à une manœuvre tournante qui se change en offensive, offensive à laquelle personne ne pouvait s'attendre et qui oblige le rejet à perdre l'équilibre. Il tombe, entraînant toute la strophe dans sa chute. Véritable bagarre d'où le mot supprimé s'élance et détermine les autres à se relever et à se précipiter avant que le mot de tête ne s'en aperçoive. Le mot supprimé passe à gauche et l'arbitre annonce un coup franc au bénéfice d'une rime qui semblait faiblir. Elle retrouve sa forme. Malheureusement elle passe trop haut et la reprise entraîne les adjectifs qui attendaient une occasion de jouer un rôle dans la partie.

Jean Cocteau,
Appogiatures et paraprosodies,
Jean-Paul Bertrand éditeur.

Pour faire un poème dadaïste

Prenez un journal
Prenez des ciseaux
Choisissez dans ce journal un article ayant la longueur que vous comptez donner à votre poème.
Découper l'article.
Découpez ensuite avec soin chacun des mots qui forment cet article et mettez-les dans un sac.
Agitez doucement.
Sortez ensuite chaque coupure l'une après l'autre.
Copiez consciencieusement
dans l'ordre où elles ont quitté le sac.
Le poème vous ressemblera.
Et vous voilà un écrivain infiniment original et d'une sensibilité charmante, encore qu'incomprise du vulgaire.

Tristan Tzara,
Sept Manifestes Dada,
D. R.

Chassé-croisé

Un certain monsieur
Loup Pou ou Hibou
une jolie demoiselle
Est-elle Cruelle ou Hirondelle
un gentil petit garçon
Guy Gontran ou Gaston
un roquet nauséabond
Dick Médor ou Azor
un affreux gros matou
Pompon Minet ou Minou
un stupide canari
Serin Coco ou Kiki
Tous ensemble
devant la fenêtre
quand s'épanouit
le crépuscule
Ne vous croyez pas
plus malins
que vous n'êtes

Philippe Soupault,
« Chansons (1949) »,
Poèmes et Poésies,
Grasset.

Autocritique

Qu'est-ce qui ne va pas sur terre ?
C'est le chat dit la souris
C'est le lion dit la gazelle
C'est le loup dit l'agneau
C'est l'homme dit l'homme

Jean-Pierre Develle,
in *Des rimes et des rames,*
Éditions de la Voûte.

Après la pluie

Après la pleure
Après la pluie
Monsieur Oscar remplit son parapeur
Monsieur Oscar replie son parapluie

Pendant l'orange
Pendant l'orage
Monsieur Oscar oublie son ange
Monsieur Oscar oblique son âge

Avant l'écœure
Avant l'éclair
Monsieur Oscar sourdine ses chœurs
Monsieur Oscar Sardine s'éclaire

Mais où est donc mon Oscar ?

Après la pleure
Monsieur Oscar écoute son cœur

Yann Chevalier,
in *Des rimes et des rames,*
Éditions de la Voûte.

L'escargot et la tortue

Un jeune escargot qui partait en vacances rencontra en chemin une vieille tortue qui admirait le paysage. C'était la première fois que l'escargot voyait une tortue et il fut très surpris en découvrant que les escargots n'étaient pas les seuls animaux à transporter leur habitation sur leur dos. Seulement, cette vieille tortue lui parut très grosse et très laide. Il ne se gêna pas pour le lui dire. La tortue, furieuse, grimpa sur un rocher, sauta sur l'escargot et l'écrasa. Sous sa carapace.

Très loin de là, une jeune tortue qui partait en vacances rencontra en chemin un vieil escargot qui admirait le paysage. C'était la première fois que la tortue voyait un escargot et elle fut très surprise en découvrant que les tortues n'étaient pas les seuls animaux à transporter leur habitation sur leur dos. Seulement, ce vieil escargot lui parut très petit et très laid. Elle ne se gêna pas pour le lui dire. L'escargot, furieux, grimpa sur un rocher, sauta sur la tortue et s'écrasa. Sur sa carapace.

Bernard Friot,
Histoires pressées,
coll. « Zanzibar », Éditions Milan.

Le secret

Sur le chemin près du bois
J'ai trouvé tout un trésor :
Une coquille de noix
Une sauterelle en or
Un arc-en-ciel qu'était mort.

À personne je n'ai rien dit
Dans ma main je les ai pris
Et je l'ai tenue fermée
Fermée jusqu'à l'étrangler
Du lundi au samedi.

Le dimanche l'ai rouverte
Mais il n'y avait plus rien !
Et j'ai raconté au chien
Couché dans sa niche verte
Comme j'avais du chagrin.

Il m'a dit sans aboyer :
« Cette nuit, tu vas rêver. »
La nuit, il faisait si noir
Que j'ai cru à une histoire
Et que tout était perdu.

Mais d'un seul coup j'ai bien vu
Un navire dans le ciel
Traîné par une sauterelle
Sur des vagues d'arc-en-ciel !

René de Obaldia,
Innocentines,
Grasset.

Du fil à retordre

Gégé-la-Flemme se demande pourquoi la maîtresse a dit ce matin qu'il lui donnait du fil à retordre, vu qu'il ne se rappelle pas lui en avoir jamais donné à tordre et qu'il est impossible de retordre du fil si on n'en a pas déjà tordu. D'ailleurs il est impossible qu'il lui en ait donné à tordre, encore moins à retordre, parce que du fil, il n'en a jamais sur lui. Et s'il en avait, il ne le donnerait pas, il le vendrait. Si encore elle avait dit : « Tu me vends du fil à tordre », ç'aurait été différent. Mais tout cela est idiot. À quoi bon tordre soi-même du fil quand tous les quincailliers en vendent du déjà tordu et, en plus, barbelé. En admettant qu'elle ait dit : « Tu me donnes du fil de fer barbelé à détordre », il aurait compris, Gégé-la-Flemme. Détordre du fil de fer barbelé se conçoit mieux que retordre du fil qui ne l'est pas.

La vérité, pense Gégé-la-Flemme, c'est que la maîtresse a l'esprit complètement tordu, encore plus que le fil. Et qu'elle ne compte pas sur lui pour le lui détordre, parce que, si ça se trouve, son esprit, en plus d'être tordu, il est barbelé. Dans ce cas, faudrait y aller avec des tenailles mais ce n'est pas possible vu que la maîtresse n'est pas à prendre avec des pincettes et que lui, de toute façon, il n'est pas outillé.

Claude Bourgeyx,
Le fil à retordre,
Nathan.

Mea culpa

C'est ma faute
C'est ma faute
C'est ma très grande faute d'orthographe
Voilà comment j'écris
Giraffe.

Jacques Prévert,
Histoires.
Gallimard.

BERCEUSE

Je vous donne mes rêves
afin que vous sachiez
l'odeur de vos cheveux

Je vous donne mes songes
pour que vous connaissiez
la lumière de vos yeux

Je vous donne mes fièvres
parce que vous oubliez
le parfum de vos lèvres

PHILIPPE SOUPAULT,
« Chansons (1949) »,
Poèmes et Poésies,
Grasset.

LE POISSON FA

Il était une fois
Un poisson fa.
Il aurait pu être poisson scie,
Ou raie,
Ou sole,
Ou tout simplement poisson d'eau
Ou même un poisson un peu là,
Non, non, il était poisson fa :
Un poisson fa,
Voilà.

Paroles et musique de BOBY LAPOINTE,

CONVERSATION

(Sur le pas de la porte, avec bonhomie.)

Comment ça va sur la terre ?
– Ça va ça va, ça va bien.

Les petits chiens sont-ils prospères ?
– Mon Dieu oui merci bien.

Et les nuages ?
– Ça flotte.

Et les volcans ?
– Ça mijote.

Et les fleuves ?
– Ça s'écoule.

Et le temps ?
– Ça se déroule.

Et votre âme ?
– Elle est malade

le printemps était trop vert
elle a mangé trop de salade.

JEAN TARDIEU,
« Monsieur Monsieur », Colloques et interpellations,
Le fleuve caché,
Gallimard.

La môme néant

(Voix de marionnette, voix de fausset,
aiguë, nasillarde, cassée, cassante,
caquetante, édentée.)

Quoi qu'a dit ?
– A dit rin.

Quoi qu'a fait ?
– A fait rin.

À quoi qu'a pense ?
– A pense à rin.

Pourquoi qu'a dit rin ?
Pourquoi qu'a fait rin ?
Pourquoi qu'a pense à rin ?

– A'xiste pas.

Jean Tardieu, « Monsieur Monsieur »,
Le fleuve caché, Gallimard.

Constat

Sur l'asphalte du ciel
la lune a dérapé.
(Traces visibles de freinage
sur dix années-lumière.)

Choc frontal contre le Chariot.
Voie lactée dégradée.
Poissons jetés sur la Balance.
Taureau en fuite.
Manquent quatre cordes à la Lyre.
Deux ovnis rétamés.

Dommages corporels : néant.
Dommages au Néant : néant.

Signé. Grande Ourse. (En service.)

Yves Heurté,
in Michel Cosem,
Au pays des mille mots, Éditions Milan.

Cavalcade

Un cheval de lune
Courait sur le sable
Un poulain d'écume
Trottait sur la grève,
Au trot, au trot, au galop.

Un cheval d'ivoire
Courait dans le soir,
Un cavalier rouge
Traversait l'automne,
Au trot, au trot, au galop.

Un cheval de pluie
Courait dans la nuit
Un coursier de verre
Labourait la mer,
Au trot, au trot, au galop.

Et tous les enfants
Poursuivaient en rêve
Toutes ces crinières
Libres dans le vent,
Au trot, au trot, au galop.

Louis Guillaume,
in Jean-Pierre Balpe,
Le Bestiaire fantastique,
D.R.

Solipsisme

(Accent parigot. Véhémence et certitude agressive. Avec gestes.)

Qui c'est qu'est là
quand j'y suis pas ?

C'est-i l'bureau ?
C'est-i la porte ?
C'est-i l'parquet ?
C'est-i l'plafond ?
C'est-i la rue ?
C'est-i la terre ?
C'est-i le ciel ?
Ah, nom de nom !

Quand j'y suis pus
Y-a pus personne.
À preuve ? C'est que quand j'reviens
je ramèn'tout à la maison :
et v'là la terre
et v'là le ciel
et v'là la rue
et ma maison
et v'là la porte
et v'là l'parquet
et v'là l'plafond !

Jean Tardieu,
« Monsieur Monsieur », Colloques et interpellations,
Le fleuve caché,
Gallimard.

Conseils donnés par une sorcière

(À voix basse, avec un air épouvanté, à l'oreille du lecteur.)

Retenez-vous de rire
dans le petit matin !

N'écoutez pas les arbres
qui gardent les chemins !

Ne dites votre nom
à la terre endormie
qu'après minuit sonné !

À la neige, à la pluie
ne tendez pas la main !

N'ouvrez votre fenêtre
qu'aux petites planètes
que vous connaissez bien !

Confidence pour confidence :
vous qui venez me consulter,
méfiance, méfiance !
On ne sait pas ce qui peut arriver.

Jean Tardieu,
« Monsieur Monsieur », Colloques et interpellations,
Le fleuve caché,
Gallimard.

L'ÉTERNEL ENFANT

Pour Nicolas.

(Étourdi et souriant. Un visage de gamin sur un corps adulte. Beaucoup de courbettes, mais une grande dignité.)

Grand plaisir grand merci
Merci mille fois merci.
À bientôt Mais non Mais si
Ce n'est rien je vous en prie.

À Dimanche à Lundi
À Mardi à Mercredi
C'est cela : plutôt Vendredi
Le matin, je veux dire à midi
Dès l'aurore avant la nuit.

Sans façon c'est par ici
Trop aimable. Bonne nuit.

JEAN TARDIEU,
« Formeries », Les beaux métiers,
L'accent grave et l'accent aigu,
Gallimard.

SI...

Si la sardine avait des ailes,
Si Gaston s'appelait Gisèle
Si l'on pleurait lorsqu'on rit,
Si le pape habitait Paris,
Si l'on mourait avant de naître,
Si la porte était la fenêtre,
Si l'agneau dévorait le loup,
Si les Normands parlaient zoulou,
Si la Mer Noire était la Manche,
Et la Mer Rouge la Mer Blanche,
Si le monde était à l'envers,
Je marcherais les pieds en l'air,
Le jour je garderais la chambre,
J'irais à la plage en décembre,
Deux et un ne feraient plus trois...
Quel ennui ce monde à l'endroit !

JEAN-LUC MOREAU,
L'Arbre perché,
Les Éditions de l'Atelier/Les Éditions Ouvrières.

SOLITUDE

Une parole sans musique
Une musique sans paroles
Une parole de silence
Un silence sans parole.
Et puis
rien, vraiment
plus
rien.

EDMOND JABÈS,
Petites poésies pour jours de pluie et de soleil,
coll. « Folio Cadet Or », Gallimard.

UN POÈTE...

Un poète
C'est un être unique
À des tas d'exemplaires
Qui ne pense qu'en vers
Et n'écrit qu'en musique
Sur des sujets divers
Des rouges ou des verts
Mais toujours magnifiques.

BORIS VIAN,
Je voudrais pas crever,
Société Nouvelle des éditions Pauvert.

TROIS MICROBES...

Trois microbes, sur mon lit,
Se consultent, bien assis.

L'un s'appelle Scarlatine
Il parle d'une voix fine.

L'autre s'appelle Rougeole
Et prend souvent la parole.

Et le troisième, Oreillons,
Ressemble à un champignon.

Ils discutent pour savoir
Lequel dormira ce soir

Dans mon beau petit lit blanc.
Mais fuyons tant qu'il est temps !

Ces trois microbes ma foi,
Dormiront très bien sans moi.

JEAN-LOUIS VANHAM,
Dans la lune,
D. R.

RÉCATONPILU
ou
Le jeu du poulet

Pour Nicolas.

Si tu veux apprendre
des mots inconnus,
récapitulons,
récatonpilu.

Si tu veux connaître
des jeux imprévus,
locomotivons,
locomotivu.

Mais les jeux parfaits
sont les plus connus :
jouons au poulet.

Je suis le renard
je cours après toi
plus loin que ma vie.

Comme tu vas vite !
Si je m'essoufflais !
Si je m'arrêtais !

JEAN TARDIEU,
« Formeries »,
L'accent grave et l'accent aigu,
Gallimard.

Moi j'irai dans la lune

Moi, j'irai dans la lune
Avec des petits pois,
Quelques mots de fortune
Et Blanquette, mon oie.

Nous dormirons là-haut
Un p'tit peu de guingois
Au grand pays du froid
Où l'on voit des bateaux
Retenus par le dos.

Bateaux de brise-bise
Dont les ailes sont prises
Dans de vastes banquises.

Et des messieurs sans os
Remontent des phonos.

Blanquette sur mon cœur
M'avertira de l'heure :
Elle mange des pois
Tous les premiers du mois,
Elle claque du bec
Tous les minuits moins sept.

Oui, j'irai dans la lune !
J'y suis déjà allé
Une main dans la brume
M'a donné la fessée.

C'est la main de grand-mère
Morte l'année dernière.
(La main de mon Papa
Aime bien trop les draps) !

Oui, j'irai dans la lune,
Je vais recommencer.
Cette fois en cachette
En tenant mes souliers.

Pas besoin de fusée
Ni de toute une armée,
Je monte sur Blanchette
Hop ! on est arrivé !

René de Obaldia,
Innocentines,
Grasset.

Par négligence

Par négligence ou malfaçon
L'oiseau devient une maison,
Une maison pleine d'oiseaux
Avec des scies, avec des seaux,
Et ça va vite, et ça va haut,
Un point sur l'i, un nid sur l'eau,
Avec des fleurs de pissenlit
Plein les rideaux.

Georges Neveux,
in Michel Cosem,
Au pays des mille mots,
Éditions Milan.

Sous le ciel…

Sous le ciel en flammes
Lointaine une voile, dans mon âme
Une voile

Sheishi.

Tout en larmes…

Tout en larmes
Assis il raconte
Sa maman l'écoute

Hasuo.

Tout le monde…

Tout le monde dort
Rien entre
La lune et moi

Seifujo.

Extraits in Maurice Coyaud,
Fourmis sans ombre,
Le livre du haïku, Éditions Phébus.

Le milliardaire

(Pour Marie-Laure.)

John apportait un plateau
sur lequel était un bateau.

Monsieur assis sur son lit
Passa son habit et dit :

« Posez ça là quelque part
je termine mon cigare. »

Une heure après John revint :
la fenêtre était ouverte

dans le lit il n'y avait rien
rien non plus sous la Plante Verte

et rien du tout sur le plateau.
– Monsieur est parti en bateau.

Jean Tardieu,
« Monsieur, Monsieur », Objets perdus,
Le fleuve caché, Gallimard.

Supposons le problème résolu ou La ruse philosophique

Du Dimanche au Samedi
les jours les saisons la vie
la mort tout le tremblement,
j'ai cru que je comprenais !…

Et tant pis s'il n'en est rien
car si nous sommes trop bêtes
faisons semblant de comprendre
pour faire peur à l'Espace :

peut-être est-il comme nous
fameusement embarrassé
quand il cligne des étoiles
comme s'il avait compris.

Jean Tardieu,
« Monsieur, Monsieur », Metaphysical poetry,
Le fleuve caché,
Gallimard.

Mon chapeau

Quand je mets mon chapeau gris
C'est pour aller sous la pluie.

Quand je mets mon chapeau vert
C'est que je suis en colère.

Quand je mets mon chapeau bleu
C'est que ça va déjà mieux.

Et je mets mon chapeau blanc
Quand je suis très content.

Henri Dès,
in *Cache Cache,* vol. 3,
« Flagada », Disques Mary-Josée,
ZL 37414.

Pour Alice

Est-ce un oiseau qui aboie
une lampe qui fume
un enfant qui verdoie
C'est un lapin qui chante
un homme qui rit
un prêté pour un rendu
Alice ma fille ma plume
jouons enfin au plus fin
au jugé à la tartelette
Il faut nous donner la main
les lunettes sur nos cheveux
et les cheveux sur nos lunettes

Philippe Soupault,
« Chansons (1949) »,
Poèmes et Poésies,
Grasset.

Le visage en feu

J'arrive à un carrefour,
le feu était au rouge.
Il n'y avait pas de voitures,
je passe !
Seulement, il y avait un agent
qui faisait le guet.
Il me siffle.
Il me dit :
– Vous êtes passé au rouge !
– Oui ! Il n'y avait pas de voitures !
– Ce n'est pas une raison !
Je dis :
– Ah si ! Quelquefois, le feu est au vert...
Il y a des voitures et...
je ne peux pas passer !
Stupeur de l'agent !
Il est devenu tout rouge.
Je lui dis :
– Vous avez le visage en feu !
Il est devenu tout vert !
Alors, je suis passé !

Raymond Devos,
Matière à rire,
Plon.

Le pot de grès

Lettre à mon potier.

Monsieur,

Je ne tournerai pas autour du pot.
Le pot de grès
Traité de gré à gré
Avec vous…
Et que je trouvais fort à mon gré
N'agrée pas à mon épouse.
À dire vrai, ce n'est pas le pot
Qui n'agrée pas,
C'est le grès !
Elle n'aime pas le grès !
Vous comprendrez donc
Que bon gré mal gré,
Je ne saurais…
De force ou de gré
Garder ce pot
Contre son gré.
En conséquence,
Malgré que ce grès m'agrée,
Je vous saurais gré
D'échanger ce grès
Contre un autre pot
Plus à son gré.

Veuillez agréer, Monsieur, avec mes
regrets, etc.

Raymond Devos,
Matière à rire,
Plon.

Le nuage

Le nuage dit à l'indien :
« Tire sur moi tes flèches,
Je ne sentirai rien. »

« C'est vrai, rien ne t'ébrèche,
Répond le sauvage,
Mais vois mes tatouages !
Rien de pareil sur les nuages. »

Robert Desnos,
« Bagatelles »,
Destinée arbitraire,
Gallimard.

La trompe de l'éléphant…

La trompe de l'éléphant,
c'est pour ramasser les pistaches :
pas besoin de se baisser.
Le cou de la girafe,
c'est pour brouter les astres :
pas besoin de voler.
La peau du caméléon,
verte, bleue, mauve, blanche,
selon sa volonté,
c'est pour se cacher des animaux voraces :
pas besoin de fuir.
La carapace de la tortue,
c'est pour dormir à l'intérieur,
même l'hiver :
pas besoin de maison.
Le poème du poète,
c'est pour dire tout cela
et mille et mille et mille autres choses :
pas besoin de comprendre.

Alain Bosquet,
Le cheval applaudit,

Les corridors où dort Anne qu'on adore

La petite Anne, quand elle dort,
où s'en va-t-elle ?
Est-elle dedans, est-elle dehors,
et que fait-elle ?

Pendant la récré du sommeil,
à pas de loup,
entre la terre et le soleil
Anne est partout.

Les pieds nus et à tire-d'aile
Anne va faire
les quatre cents coups dans le ciel,
Anne s'affaire.

La petite Anne, quand elle dort,
qui donc est-elle ?
Qui dort ? Qui court par-dessus bord ?
Une autre, et elle.

L'autre dort et l'une a des ailes,
Anne dans son lit, Anne dans le ciel.

Claude Roy,
Nouvelles Enfantasques,
Gallimard.

Les Confitures

Les Confitures
« Niam ! Niam ! »
Les Confitures
qui nous damnent
Les Confitures
plein la figure
C'est *Ça*
les Confitures !

Les Confitures
ad vitam
Les Confitures
ad aeternam
Les Confitures
qui durent qui durent
C'est *Pas*
des Confitures !

Andrée Chedid,
Fêtes et lubies : petits poèmes pour les sans-âge,
coll. « Étonnants classiques »,
Flammarion.

Pas vu ça

Pas vu la comète
Pas vu la belle étoile
Pas vu tout ça

Pas vu la mer en flacon
Pas vu la montagne à l'envers
Pas vu tant que ça

Mais vu deux beaux yeux
Vu une belle bouche éclatante
Vu bien mieux que ça

Robert Desnos,
« Youri 1930 Poésie »,
Destinée arbitraire,
Gallimard.

Toujours et Jamais

Toujours et Jamais étaient toujours ensemble
ne se quittaient jamais. On les rencontrait
dans toutes les foires.
On les voyait le soir traverser le village
sur un tandem.
Toujours guidait
Jamais pédalait
C'est du moins ce qu'on supposait…
Ils avaient tous les deux une jolie casquette
L'une était noire à carreaux blancs
L'autre était blanche à carreaux noirs.
À cela on aurait pu les reconnaître
mais ils passaient toujours le soir
et avec la vitesse…
Certains d'ailleurs les soupçonnaient
non sans raison peut-être
d'échanger certains soirs leur casquette
Une autre particularité
aurait dû les distinguer
L'un disait toujours bonjour
l'autre toujours bonsoir
Mais on ne sut jamais
si c'était Toujours qui disait bonjour
ou Jamais qui disait bonsoir
car entre eux ils s'appelaient toujours :
monsieur Albert monsieur Octave.

Paul Vincensini,
coll. « L'enfant, la Poésie »,
Qu'est-ce qu'il n'y a ?,
Le Cherche Midi éditeur.

Ainsi font font font

(Magnifiquement érudit.)

Le chemin de fer urbain
dit le « Métropolitain »
cesse d'être aérien
quand il devient souterrain.

Au contraire écoutez-moi bien
quand il sort du souterrain
tout à coup aérien
de nouveau il redevient.

Ainsi font les vers de terre
les couleuvres dans les pierres
dans l'océan les serpents
qu'on nomme serpents de mer
ainsi font après l'hiver
les verdures du printemps
les enfants hors de leur mère
hors de la nuit la lumière
et la paix après la guerre
l'existence sur la terre
et la terre dans le temps.

Jean Tardieu,
« Monsieur, Monsieur », Metaphysical poetry,
Le fleuve caché,
Gallimard.

LE CANAPÉ DE PAMÉLA

Le canapé de Paméla
Le Panapé de Caméla
Le Panala de Camépé

Est un beau canaquois
Est un nabeau est un naquois
Charmante Panapé
Charmante Paméla

Le charme de Paméla
Le charme du canapé
Il est passé par ici
Il repassera par là
C'est un nabeau c'est un naquois
Charmante Paméla
Délicieux canapé

ROBERT DESNOS,
« Youri 1930 Poésie »,
Destinée arbitraire,
Gallimard.

MIGRAINE INFERNALE

J'ai une migraine ! Infernale !
C'est comme si… il y avait un métro
qui me traversait la tête.
Je prendrais bien de l'aspirine… Mais…
Lorsque j'en prends,
la migraine s'arrête… mais le métro… aussi…
Alors, il y a des gens qui descendent.
Ça fait un ramdam à l'intérieur !
J'ai les oreilles qui sifflent !
Alors, dès que les oreilles sifflent…
les portes se referment, le métro repart.
Et la migraine revient !
Infernal !

RAYMOND DEVOS,
Matière à rire,
Plon.

CHAUSSURES

Chaussures
sacs à pieds
baluchons odorants
cargos chargés d'épices
sur la mer des bitumes
sur la houle des pas
caboteurs ou trois-mâts
vieux rafiots touchant terre
aux coques boucanées,
goélettes, péniches,
foules de pas
foule de pieds
de godasses, de souliers,
odeur de varech décomposé
odeur de poisson ou de marée
pied de nez !

ÉRIC GASTINE,
in *Des rimes et des rames,*
Éditions de la Voûte.

CHANSON POUR CHANTER À TUE-TÊTE ET À CLOCHE-PIED

Un immense brin d'herbe
Une toute petite forêt
Un ciel tout à fait vert
Et des nuages en osier
Une église dans une malle
La malle dans un grenier
Le grenier dans une cave
Sur la tour d'un château
Le château à cheval
À cheval sur un jet d'eau
Le jet d'eau dans un sac
À côté d'une rose
La rose d'un fraisier
Planté dans une armoire
Ouverte sur un champ de blé
Un champ de blé couché
Dans les plis d'un miroir
Sous les ailes d'un tonneau
Le tonneau dans un verre
Dans un verre à Bordeaux
Bordeaux sur une falaise
Où rêve un vieux corbeau
Dans le tiroir d'une chaise
D'une chaise en papier
En beau papier de pierre
Soigneusement taillé
Par un tailleur de verre
Dans un petit gravier
Tout au fond d'une mare
Sous les plumes d'un mouton
Nageant dans un lavoir
À la lueur d'un lampion
Éclairant une mine
Une mine de crayons
Derrière une colline
Gardée par un dindon
Un gros dindon assis
Sur la tête d'un jambon
Un jambon de faïence
Et puis de porcelaine
Qui fait le tour de France
À pied sur une baleine
Au milieu de la lune
Dans un quartier perdu
Perdu dans une carafe
Une carafe d'eau rougie
D'eau rougie à la flamme
À la flamme d'une bougie
Sous la queue d'une horloge
Tendue de velours rouge
Dans la cour d'une école
Au milieu d'un désert
Où de grandes girafes
Et des enfants trouvés
Chantent chantent sans cesse
À tue-tête à cloche-pied
Histoire de s'amuser
Les mots sans queue ni tête
Qui dansent dans leur tête
Sans jamais s'arrêter

Et on recommence
Un immense brin d'herbe
Une toute petite forêt…
…………………………

etc., etc., etc…

JACQUES PRÉVERT,
Histoires,
Gallimard.

ROCK-MONSIEUR

Dans un café des boulevards
Une famille arriva tard
Voulant dîner frugalement
De sardin'au fromage blanc
Mais le maître d'hôtel en noir
Répondit : nous avons ce soir

Potage : Rock en bol
Poisson : Rockillages
Dessert : Rockignoles
Rockfort comm'fromage
Mais si vous aimez mieux
Voilà des rock-monsieur

(Chœur polka)

Rock-monsieur, rock-madame
Rock les p'tits enfants

(Stupeur générale)

Très irrité, l'père de famille
Voyant ses garçons et ses filles
Se mettre à danser la polka
Donna des gifles dans le tas
Puis boxant le maître d'hôtel
Il grogna ces mots cruels :

Potage : soupe aux gnons
Poisson: moules raclées
Dessert: gros marrons
Volaille : en volée
Mais si vous aimez mieux
Va pour le rock-monsieur

(Chœur polka)

Rock-monsieur, rock-madame
Rock les p'tits enfants

(Stupeur considérable)

Puis voulant mettr'un point-virgule
À cette chanson ridicule
Avec ses pauvres enfants
Le papa sortit en pleurant
Tandis que les larbins ravis
Braillaient tout autour de lui

Va donc, consommé
Allez, change de thon
Sortez, choux paumés
Oust ! Filez, mignons
Nous ferons des heureux
Avec nos rock-monsieur

(Chœur polka idem, et
apothéose dans le délire.)

BORIS VIAN,
Textes et chansons,
Christian Bourgois éditeur.

THÈME 15

La Folle réServe des Animaux

La chenille

Un jour, causant entre eux, différents animaux
Louaient beaucoup le ver à soie.
« Quel talent, disaient-ils, cet insecte déploie
En composant ces fils si doux, si fins, si beaux.
Qui de l'homme font la richesse ! »
Tous vantaient son travail, exaltaient son adresse.
Une chenille seule y trouvait des défauts,
Aux animaux surpris en faisait la critique,
Disait des *mais* et puis des *si*.
Un renard s'écria : « Messieurs, cela s'explique,
C'est que Madame file aussi. »

Jean-Pierre Claris de Florian,
Fables, livre V, fable XII.

Une poule sur un mur

Une poule sur un mur
A pondu quatorze œufs frais.
Mais pendant qu'elle pondait,
Le soleil d'août les cuisait.

Une poule sur un mur
A couvé quatorze œufs durs.
Il en sortit des poulets
Aussi durs que des galets.

À peine nés, ils roulèrent
Pesamment jusqu'au ruisseau
Malgré les cris de leur mère
Éplorée au bord de l'eau.

C'est depuis lors que l'on voit,
Folle encor de désarroi,
Une poule sur un mur
Qui picote du pain dur,

C'est depuis lors que l'on voit
– Picoti et picota –
Une poule qui cent fois
Grimpe au mur et saute en bas.

Maurice Carême,
À cloche-pied,

La jeune vache…

…
la jeune vache, des cornes sont à sa tête,
des cornes sont à sa tête c'est Koba
Koba sa bouche est blanche,
bouche est blanche c'est les ânes,
les ânes, ils se roulent
Il se roule c'est le chameau,
chameau, cou est long,
cou est long, les autruches,
les autruches la nuque est chauve,
nuque est chauve c'est pintade,
pintade elle est bigarrée, tachetée,
est tachetée, bigarrée, panthère,
panthère saute sur un arbre,
saute sur un arbre c'est singe…

Niger, Soudan,
in Paulette Lequeux, *Poèmes de partout et de toujours,*
Armand Colin.

ODELETTES

Araignée grise,
Araignée d'argent,
Ton échelle exquise
Tremble dans le vent.

Toile d'araignée
Émerveillement
Lourde de rosée
Dans le matin blanc !
Ouvrage subtil
Qui frissonne et ploie.
Ô maison de fil,
Escalier de soie !

Araignée grise,
Araignée d'argent,
Ton échelle exquise
Tremble dans le vent.

MADELEINE LEY,
Petites Voix,
Stock.

LE LOUP ET L'AGNEAU

La raison du plus fort est toujours la meilleure :
Nous l'allons montrer tout à l'heure.

Un agneau se désaltérait
Dans le courant d'une onde pure.
Un loup survient à jeun, qui cherchait aventure,
Et que la faim en ces lieux attirait.
« Qui te rend si hardi de troubler mon breuvage ?
Dit cet animal plein de rage :
Tu seras châtié de ta témérité.
– Sire, répond l'agneau, que Votre Majesté
Ne se mette pas en colère ;
Mais plutôt qu'Elle considère
Que je me vas désaltérant
Dans le courant,
Plus de vingt pas au-dessous d'Elle ;
Et que par conséquent, en aucune façon,
Je ne puis troubler sa boisson.
– Tu la troubles, reprit cette bête cruelle,
Et je sais que de moi tu médis l'an passé.
– Comment l'aurais-je fait si je n'étais pas né ?
Reprit l'agneau, je tète encor ma mère.
– Si ce n'est toi, c'est donc ton frère.
– Je n'en ai point. – C'est donc quelqu'un des tiens :
Car vous ne m'épargnez guère,
Vous, vos bergers, et vos chiens.
On me l'a dit : il faut que je me venge. »
Là-dessus, au fond des forêts
Le loup l'emporte, et puis le mange,
Sans autre forme de procès.

JEAN DE LA FONTAINE,
Fables, livre I, fable X.

Les Mouches

Les mouches d'aujourd'hui
ne sont plus les mêmes que les mouches d'autrefois
elles sont moins gaies
plus lourdes, plus majestueuses, plus graves
plus conscientes de leur rareté
elles se savent menacées de génocide
Dans mon enfance elles allaient se coller joyeusement
par centaines, par milliers peut-être
sur du papier fait pour les tuer
elles allaient s'enfermer
par centaines, par milliers peut-être
dans des bouteilles de forme spéciale
elles patinaient, piétinaient, trépassaient
par centaines, par milliers peut-être
elles foisonnaient
elles vivaient
Maintenant elles surveillent leur démarche

les mouches d'aujourd'hui
ne sont plus les mêmes que les mouches d'autrefois

Raymond Queneau,
Courir les rues,
Gallimard.

Le paon

En faisant la roue, cet oiseau,
Dont le pennage traîne à terre,
Apparaît encore plus beau,
Mais se découvre le derrière.

Guillaume Apollinaire,
Le Bestiaire,
Gallimard.

La chenille

Le travail mène à la richesse.
Pauvres poètes, travaillons !
La chenille en peinant sans cesse
Devient le riche papillon.

Guillaume Apollinaire,
Le Bestiaire,
Gallimard.

Le corbeau et le renard

Maître corbeau, sur un arbre perché,
Tenait en son bec un fromage.
Maître renard, par l'odeur alléché,
Lui tint à peu près ce langage :
« Et bonjour, Monsieur du Corbeau,
Que vous êtes joli ! que vous me semblez beau !
Sans mentir, si votre ramage
Se rapporte à votre plumage,
Vous êtes le phénix des hôtes de ces bois. »
À ces mots le corbeau ne se sent pas de joie »
Et pour montrer sa belle voix,
Il ouvre un large bec, laisse tomber sa proie.
Le renard s'en saisit, et dit : « Mon bon Monsieur,
Apprenez que tout flatteur
Vit aux dépens de celui qui l'écoute :
Cette leçon vaut bien un fromage, sans doute. »
Le corbeau honteux et confus
Jura, mais un peu tard, qu'on ne l'y prendrait plus.

Jean de La Fontaine,
Fables, livre I, fable II.

Les hiboux

Ce sont les mères des hiboux
Qui désiraient chercher les poux
De leurs enfants, leurs petits choux,
En les tenant sur les genoux.

Leurs yeux d'or valent des bijoux
Leur bec est dur comme cailloux,
Ils sont doux comme des joujoux,
Mais aux hiboux point de genoux !

Robert Desnos,
in *Chantefables et Chantefleurs*,
Gründ.

La vérité sur la chèvre de Monsieur Seguin

La petite chèvre
De Monsieur Seguin
Ne fut pas mangée
Au petit matin

Elle se battit
Si gaillardement
Qu'à la fin le loup
Alla s'essoufflant

Arrête petite
Lui dit le coquin
C'était pour de rire
Serrons-nous la main

Ainsi firent-ils
Et se retirèrent
Pour aller chacun
Dans sa chacunière

Bien sûr la biquette
Fut mise au piquet
A-t-on jamais vu
Chèvre découcher ?

Mais pour sa vaillance
On l'en retira,
Je crois savoir même
Qu'on la décora

Si j'ai menti
Je veux bien copier
Dix fois la nouvelle
De Monsieur Daudet

Jean Rousselot,
Petits Poèmes pour cœurs pas cuits,
Le Cherche Midi éditeur.

La cigale et la fourmi

La cigale, ayant chanté
Tout l'été,
Se trouva fort dépourvue
Quand la bise fut venue.
Pas un seul petit morceau
De mouche ou de vermisseau.
Elle alla crier famine
Chez la fourmi sa voisine,
La priant de lui prêter
Quelque grain pour subsister
Jusqu'à la saison nouvelle.
« Je vous paierai, lui dit-elle,
Avant l'Oût, foi d'animal,
Intérêt et principal. »
La fourmi n'est pas prêteuse ;
C'est là son moindre défaut.
« Que faisiez-vous au temps chaud ?
Dit-elle à cette emprunteuse.
– Nuit et jour à tout venant
Je chantais, ne vous déplaise.
Vous chantiez ? j'en suis fort aise.
Eh bien ! dansez maintenant. »

Jean de La Fontaine,
Fables, livre I, fable I.

Le caméléon

Quand je serai caméléon
je prendrai la couleur d'érable
en automne ou celle de sable
aux plages de l'île d'Oléron

je serai lampe de néon
pour éclairer ma propre table
je serai couleur de cartable
à l'automne ou jaune crayon

et le jour des compositions
noir sur blanc en belle écriture
je copierai les solutions

mais j'aurai la conscience pure
agissant selon la nature
quand je serai caméléon.

Jacques Roubaud,
Les Animaux de tout le monde,
Seghers.

L'âne

J'aime l'âne si doux
Marchant le long des houx.

Il prend garde aux abeilles
Et bouge ses oreilles.

Il va près des fossés
D'un petit pas cassé.

Il réfléchit toujours
Ses yeux sont de velours.

Il est l'âne si doux
Marchant le long des houx.

Francis Jammes,
De l'angélus de l'aube à l'angélus du soir,
Mercure de France.

La grenouille qui se veut faire aussi grosse que le bœuf

Une grenouille vit un bœuf
Qui lui sembla de belle taille.
Elle, qui n'était pas grosse en tout comme un œuf,
Envieuse s'étend, et s'enfle, et se travaille
Pour égaler l'animal en grosseur,
Disant : « Regardez bien, ma sœur ;
Est-ce assez ? dites-moi ; n'y suis-je point encore ?
– Nenni. – M'y voici donc ? – Point du tout. – M'y voilà ?
– Vous n'en approchez point. » La chétive pécore
S'enfla si bien qu'elle creva.

Le monde est plein de gens qui ne sont pas plus sages :
Tout bourgeois veut bâtir comme les grands seigneurs,
Tout petit prince a des ambassadeurs,
Tout marquis veut avoir des pages.

Jean de La Fontaine,
Fables, livre I, fable III.

Le renard et les raisins

Certain renard gascon, d'autres disent normand,
Mourant presque de faim, vit au haut d'une treille
Des raisins mûrs apparemment
Et couverts d'une peau vermeille.
Le galant en eût fait volontiers un repas ;
Mais comme il n'y pouvait atteindre :
« Ils sont trop verts, dit-il, et bons pour des goujats. »

Fit-il pas mieux que de se plaindre ?

Jean de La Fontaine,
Fables, livre III, fable XI.

Le Perroquet

C'est très coquet
Un perroquet

Des plumes rouges
Bleues violettes
Ça vit ça bouge
Et ça répète

C'est très coquet
Un perroquet

Dans un baquet
Un perroquet
Ça fait trempette
Et ça répète

C'est très coquet
Un perroquet

C'est beau, c'est sec
Après toilette
Et ça répète
Du bout du bec

C'est très coquet
Un perroquet

Tais ton caquet
Vieux perroquet
Mais ça répète
Saperlipopette

C'est très coquet
Un perroquet

Jean-Hugues Malineau,
Prête-moi tes plumes,
L'école des loisirs.

Pour faire le portrait d'un oiseau

À Elsa Henriques.

Peindre d'abord une cage
avec une porte ouverte
peindre ensuite
quelque chose de joli
quelque chose de simple
quelque chose de beau
quelque chose d'utile
pour l'oiseau
placer ensuite la toile contre un arbre
dans un jardin
dans un bois
ou dans une forêt
se cacher derrière l'arbre
sans rien dire
sans bouger...
Parfois l'oiseau arrive vite
mais il peut aussi bien mettre de longues années
avant de se décider
Ne pas se décourager
attendre
attendre s'il le faut pendant des années
la vitesse ou la lenteur de l'arrivée
de l'oiseau n'ayant aucun rapport
avec la réussite du tableau

Quand l'oiseau arrive
s'il arrive
observer le plus profond silence
attendre que l'oiseau entre dans la cage
et quand il est entré
fermer doucement la porte avec le pinceau
puis
effacer un à un tous les barreaux
en ayant soin de ne toucher aucune des plumes de l'oiseau
Faire ensuite le portrait de l'arbre
en choisissant la plus belle de ses branches
pour l'oiseau
peindre aussi le vert feuillage et la fraîcheur du vent
la poussière du soleil
et le bruit des bêtes de l'herbe dans la chaleur de l'été
et puis attendre que l'oiseau se décide à chanter
Si l'oiseau ne chante pas
c'est mauvais signe
signe que le tableau est mauvais
mais s'il chante c'est bon signe
signe que vous pouvez signer
alors vous arrachez tout doucement
une des plumes de l'oiseau
et vous écrivez votre nom dans un coin du tableau.

JACQUES PRÉVERT,
Paroles,
Gallimard.

L'HIPPOPOTAME BARBOTEUR

Ce que j'aime
dans la vie,
c'est patauger,
flotter,
barboter
dans la rivière.
Et ce que je préfère
encore,
c'est souffler
des bulles légères
par les gros trous
de mon nez,
des bulles qui font « **cloc !** »
avant d'éclater.

ANNE-MARIE CHAPOUTON,
Comptines pour enfants bavards,
coll. « Père Castor », Flammarion.

LE ZÈBRE

Le zèbre, cheval des ténèbres,
Lève le pied, ferme les yeux
Et fait résonner ses vertèbres
En hennissant d'un air joyeux.

Au clair soleil de Barbarie
Il sort alors de l'écurie
Et va brouter dans la prairie
Les herbes de sorcellerie.

Mais la prison, sur son pelage,
A laissé l'ombre du grillage.

ROBERT DESNOS,
in *Chantefables et Chantefleurs,*
Gründ.

LE CHAT ET L'OISEAU

Un village écoute désolé
Le chant d'un oiseau blessé
C'est le seul oiseau du village
Et c'est le seul chat du village
Qui l'a à moitié dévoré
Et l'oiseau cesse de chanter
Le chat cesse de ronronner
Et de se lécher le museau
Et le village fait à l'oiseau
De merveilleuses funérailles
Et le chat qui est invité
Marche derrière le petit cercueil de paille
Où l'oiseau mort est allongé
Porté par une petite fille
Qui n'arrête pas de pleurer
Si j'avais su que cela te fasse tant de peine
Lui dit le chat
Je l'aurais mangé tout entier
Et puis je t'aurais raconté
Que je l'avais vu s'envoler
S'envoler jusqu'au bout du monde
Là-bas où c'est tellement loin
Que jamais on n'en revient
Tu aurais eu moins de chagrin
Simplement de la tristesse et des regrets

Il ne faut jamais faire les choses à moitié.

JACQUES PRÉVERT,
Histoires,
Gallimard.

L'éléphant rose et la souris blanche

L'éléphant rose, un jour, bouscula la souris
(pour un éléphant rose, il était un peu gris !) ;
la souris, quoique blanche, en eut une peur bleue,
(surtout que le balourd lui marcha sur la queue !)
« Madame, excusez-moi, vraiment je suis navré… »
(Il était si confus qu'il en aurait pleuré !)
Un éléphant qui pleure, est-il pire infortune ?
La souris, toute émue, oublia sa rancune :
« Ce n'est rien, lui dit-elle en le réconfortant,
j'aurais pu vous en faire autant. »

On tirera de cette histoire
une double moralité :
d'abord qu'un éléphant ne doit jamais trop boire
(et cela, ne pas hésiter
à le dire, à le répéter !),
mais surtout que ma souris blanche
est un fort bon exemple à donner aux enfants :
pour peu qu'elle eût pris sa revanche,
qu'eussions-nous fait de l'éléphant ?

Jean-Luc Moreau,
« Le bidule et le machinchose (fables et contrefables) »,
Poèmes de la souris verte,
Hachette Jeunesse.

Le tigre silencieux

Je me coule
Et je me faufile,
Et je me déroule
Et je me défile,
Entre les herbes
De la jungle.

Sur mes pattes veloutées,
Personne
Ne m'entend marcher,
Personne
Ne m'entend approcher.

Ni le buffle
Ni la gazelle
Qui viennent le soir
Boire l'eau calme
De la mare,
Et que je dévorerai…
… Si j'arrive à les attraper !

Anne-Marie Chapouton,
Comptines pour enfants bavards,
Coll. « Père Castor »,
Flammarion.

La grenouille aux souliers percés

La grenouille aux souliers percés
A demandé la charité.
Les arbres lui ont donné
Des feuilles mortes et tombées.

Les champignons lui ont donné
Le duvet de leur grand chapeau.

L'écureuil lui a donné
Quatre poils de son manteau

L'herbe lui a donné
Trois petites graines.

Le ciel lui a donné
Sa plus douce haleine.

Mais la grenouille demande toujours, demande encore
la charité
Car ses souliers sont toujours, sont encore percés.

Robert Desnos,
« La ménagerie de Tristan »,
Destinée arbitraire,
Gallimard.

Quand on est tortue...

Quand on est tortue,
On peut rentrer la tête
Sous sa carapace
Quand vient la pluie.

Alors, on peut rêver
à l'abri,
Et puis repartir
À petits pas
Jusqu'à l'herbe prochaine
Qu'on atteindra
Ce soir...
Demain...
Ou même un peu plus tard...

Pas de problème
De retard !
Quand on est tortue,
On a toujours le temps
De vivre lentement !

Anne-Marie Chapouton,
Comptines pour enfants bavards,
coll. « Père Castor », Flammarion.

Le Cafard

Tarabustée
par le Cafard
Julie l'Abeille
S'est réfugiée
Loin des soleils
dans un tiroir

Ailes repliées
elle broie du noir.

Andrée Chedid,
Fêtes et lubies,
coll. « Étonnants classiques »,
Flammarion.

La Fourmi et la Cigale

Une fourmi fait l'ascension
d'une herbe flexible
elle ne se rend pas compte
de la difficulté de son entreprise

elle s'obstine la pauvrette
dans son dessein délirant
pour elle c'est un Everest
pour elle c'est un Mont Blanc

ce qui devait arriver arrive
elle choit patatratement
une cigale la reçoit
dans ses bras bien gentiment

eh dit-elle point n'est la saison
des sports alpinistes
(vous ne vous êtes pas fait mal j'espère ?)
et maintenant dansons dansons
une bourrée ou la matchiche

Raymond Queneau,
Battre la campagne,
Gallimard.

J'voudrais…

J'voudrais bien être un kangourou !
J'dirais : « Les mioches ?
C'est dans la poche…
J'en ai des blonds, des bruns, des roux ! »
J'voudrais bien être un kangourou !

J'voudrais bien être un éléphant,
Rien qu'pour avoir de beaux enfants,
De beaux enfants grands et costauds,
Qui pès'raient cinq ou six quintaux
(Comm'tous les p'tits éléphanteaux).

J'voudrais bien être un rossignol :
Les rossignols, c'est croquignol !
J'aurais des p'tits rossignolets :
C'est ça qui s'rait croquignolet !

J'voudrais bien être un ouistiti :
Les ouistitis, c'est si gentil !
La tête en bas, j'me suspendrais,
J'me suspendrais dans la forêt…

Oh oui ! j'voudrais, j'voudrais, j'voudrais !

Jean-Luc Moreau,
« Le carré de l'hypoténuse »,
Poèmes de la souris verte,
Hachette Jeunesse.

L'ALBATROS

Souvent, pour s'amuser, les hommes d'équipage
Prennent des albatros, vastes oiseaux des mers,
Qui suivent, indolents compagnons de voyage,
Le navire glissant sur les gouffres amers.

À peine les ont-ils déposés sur les planches,
Que ces rois de l'azur, maladroits et honteux,
Laissent piteusement leurs grandes ailes blanches
Comme des avirons traîner à côté d'eux.

Ce voyageur ailé, comme il est gauche et veule !
Lui, naguère si beau, qu'il est comique et laid !
L'un agace son bec avec un brûle-gueule,
L'autre mime, en boitant, l'infirme qui volait !

Le Poète est semblable au prince des nuées
Qui hante la tempête et se rit de l'archer ;
Exilé sur le sol au milieu des huées,
Ses ailes de géant l'empêchent de marcher.

CHARLES BAUDELAIRE,
« Spleen et Idéal »,
Les Fleurs du Mal.

LE FIER CHAMEAU

Je traverse le désert
Sans boire une goutte d'eau.

Je suis utile
Aux caravaniers.
Je leur porte
Tous leurs paquets.

J'ai belle figure
Et fière allure.

Mais je vous en prie,
Ne me confondez pas
Avec le dromadaire !

J'ai deux bosses sur le dos
Et je suis le chameau.

ANNE-MARIE CHAPOUTON,
Comptines pour enfants bavards,
coll. « Père Castor », Flammarion.

Quelque part, au bord de la Sarthe…

Quelque part, au bord de la Sarthe,
un homme, un jour, avec grand soin,
repeignait de grandes pancartes :

PRAIRIE INTERDITE
AUX PINGOUINS

– Des pingouins, dis-je, dans la Sarthe,
on n'en voit pas des quantités !
– Monsieur, c'est grâce à mes pancartes :
rien de tel pour les arrêter !

N'en déplaise aux savants hilares,
dans la Sarthe en toutes saisons,
si les pingouins restent si rares,
c'est que cet homme
avait raison.

Jean-Luc Moreau,
« Le bidule et le machinchose (fables et contrefables) »,
Poèmes de la souris verte,
Hachette Jeunesse.

La chasse au rhinocéros dans les montagnes du Haut-Tyrol

…
Le rhinocéros est morne
et il louche vers sa corne.

Que veut le rhinocéros ?
Il veut une boule en os.

Ce n'est pas qu'il soit coquet :
c'est pour jouer au bilboquet.

L'ennui le rendrait féroce,
le pauvre rhinocéros.
…

Claude Roy,
Enfantasques,
Gallimard.

L'escargot

Il passe comme un paquebot
dans l'herbe tremblante de pluie
quand les araignées essuient
leurs toiles car il fait beau

J'ai toujours aimé l'escargot
son pas frais luisant et sans bruit
sa navigation dans la nuit
le long des murs, vivant cargo

on en retrouve le sillage
le matin, brillant au soleil
Où va l'escargot, qui voyage

dans le noir cornes en éveil ?
En haut du fenouil, en équilibre
il médite sur les étoiles libres.

Jacques Roubaud,
Les Animaux de tout le monde,
Seghers.

Le crocodile

Le crocodile n'a qu'une idée
il voudrait dévorer Odile
qui habite près de son domicile
elle est tendre et dodue à souhait

Le crocodile est obsédé
« Ça devrait pas être difficile,
pense-t-il, d'attraper cette fille »
(il emploie la méthode Coué)

Mais Odile qui n'est pas sotte
ne s'approche pas de la flotte
elle se promène sur la grève

mangeant des beignets de banane au mil
et c'est seulement dans ses rêves
que le crocodile croque Odile.

Jacques Roubaud,
Les Animaux de tout le monde,
Seghers.

Le Maki Mococo

Le Maki Mococo
Son kimono a mis
Pour un goûter d'amis :
Macaque et Okapi
L'Macaque vient d'Macao
L'Okapi d'Bamako.

Le Maki Mococo
Fait goûter ses amis
Pas de macaronis
Mais d'un cake au kiwis
D'esquimaux au moka
Et kakis en bocaux
Quart de lait de coco
Cacao ou coca
Dans des bols en mica.

« Qui joue au mikado ? »
dit l'Maki Mococo
Le Macaque dit oui
L'Okapi ne dit mot.
L'Macaque est un coquin
L'acolyte Okapi
Est du même acabit.
Le Macaque qu'a un coup
Pour gruger les gogos
Rafle tous les kopeks
Du Maki Mococo.
...

Jacques Roubaud,
Les Animaux de personne,
Seghers.

LE RENARD ET LA CIGOGNE

Compère le Renard se mit un jour en frais,
Et retint à dîner Commère la Cigogne.
Le régal fut petit et sans beaucoup d'apprêts ;
Le galant pour toute besogne
Avait un brouet clair (il vivait chichement).
Ce brouet fut par lui servi sur une assiette :
La cigogne au long bec n'en put attraper miettes ;
Et le drôle eut lapé le tout en un moment.

Pour se venger de cette tromperie,
À quelque temps de là, la cigogne le prie.
« Volontiers, lui dit-il ; car avec mes amis
Je ne fais point cérémonie. »
À l'heure dite, il courut au logis
De la cigogne son hôtesse,
Loua très fort sa politesse,
Trouva le dîner cuit à point.
Bon appétit surtout ; renards n'en manquent point.
Il se réjouissait à l'odeur de la viande
Mise en menus morceaux, et qu'il croyait friande.
On servit, pour l'embarrasser,
En un vase à long col et d'étroite embouchure.
Le bec de la cigogne y pouvait bien passer,
Mais le museau du sire était d'autre mesure.
Il lui fallut à jeun retourner au logis,
Honteux comme un renard qu'une poule aurait pris,
Serrant la queue, et portant bas l'oreille.

Trompeurs, c'est pour vous que j'écris :
Attendez-vous à la pareille.

JEAN DE LA FONTAINE,
Fables, livre I, fable XVIII.

LA VACHE : description

La
Vache
Est
Un

Animal
Qui
A
Environ

Quatre
Pattes
Qui

Descendent
Jusqu'
À terre.

JACQUES ROUBAUD,
Les Animaux de tout le monde,
Seghers.

Le lion et le rat

Il faut, autant qu'on peut, obliger tout le monde :
On a souvent besoin d'un plus petit que soi.
De cette vérité deux fables feront foi,
Tant la chose en preuves abonde.

Entre les pattes d'un lion
Un rat sortit de terre assez à l'étourdie.
Le roi des animaux, en cette occasion,
Montra ce qu'il était, et lui donna la vie.
Ce bienfait ne fut pas perdu.
Quelqu'un aurait-il jamais cru
Qu'un lion d'un rat eût affaire ?
Cependant il advint qu'au sortir des forêts
Ce lion fut pris dans des rets
Dont ses rugissements ne le purent défaire.
Sire Rat accourut, et fit tant par ses dents
Qu'une maille rongée emporta tout l'ouvrage.

Patience et longueur de temps
Font plus que force ni que rage.

Jean de La Fontaine,
Fables, livre II, fable XI.

Le Pas de l'Oie

Un chat marchait
Au pas de l'Oie

Et l'Oie
Trouva
Ce Chat
Si noix

Que d'un seul coup
Elle le quitta
Jurant de ne jamais,
Foi d'Oie,
Déambuler
Sur cet air-là !

Andrée Chedid,
Fêtes et Lubies,
coll. « Étonnants classiques »,
Flammarion.

Coq

Oiseau de fer qui dit le vent
Oiseau qui chante au jour levant
Oiseau bel oiseau querelleur
Oiseau plus fort que nos malheurs
Oiseau sur l'église et l'auvent
Oiseau de France comme avant
Oiseau de toutes les couleurs.

Louis Aragon,
Le Nouveau Crève-Cœur,
Gallimard.

La Mort du loup

...

J'aperçois tout à coup deux yeux qui flamboyaient,
Et je vois au-delà quatre formes légères
Qui dansaient sous la lune au milieu des bruyères,
Comme font, chaque jour, à grand bruit, sous nos yeux,
Quand le maître revient, les lévriers joyeux.
L'allure était semblable et semblable la danse ;
Mais les enfants du Loup se jouaient en silence,
Sachant bien qu'à deux pas, ne dormant qu'à demi,
Se couche dans ses murs l'homme, leur ennemi.

...

Le Loup vient et s'assied, les deux jambes dressées,
Par leurs ongles crochus dans le sable enfoncées.
Il s'est jugé perdu, puisqu'il était surpris,
Sa retraite coupée et tous ses chemins pris.
Alors il a saisi, dans sa gueule brûlante,
Du chien le plus hardi la gorge pantelante,
Et n'a pas desserré ses mâchoires de fer,
Malgré nos coups de feu qui traversaient sa chair
Et nos couteaux aigus qui, comme des tenailles,
Se croisaient en plongeant dans ses larges entrailles,
Jusqu'au dernier moment où le chien étranglé,
Mort longtemps avant lui, sous ses pieds a roulé.
Le Loup le quitte alors et puis il nous regarde.
Les couteaux lui restaient au flanc jusqu'à la garde,
Le clouaient au gazon tout baigné dans son sang ;
Nos fusils l'entouraient en sinistre croissant.
Il nous regarde encore, ensuite il se recouche,
Tout en léchant le sang répandu sur sa bouche,
Et, sans daigner savoir comment il a péri,
Refermant ses grands yeux, meurt, sans jeter un cri.

...

Alfred de Vigny,
Les Destinées.

Le Souslik

Souslik, Souslik
Réveille-toi
Entends la musique
Le printemps est là

C'est à l'automne que la vie sociale
Du Spermophile Souslik s'interrompt
Il consulte une dernière fois le journal
Et se retire dans sa chambre à provisions.

Tout l'été il a couru dans la plaine
Taches rondes et blanches sur son dos brun
Sous ses longues moustaches ses bajoues sont pleines
Il est voleur comme un Arsène Lupin

Il a raflé tout ce qu'il pouvait : du trèfle
Des pois cassés, des lentilles, du sainfoin
Des pommes, des poires et des nèfles
Il a fait son lit de feuilles dans un coin

Il serre dans ses pattes sa femelle
Museau à museau pendant que l'hiver
Tempête et neige, que le Dniepr gèle
Que le hurlement des loups transperce l'air

Dans de petites chambres latérales
Les petits dorment sous leurs édredons
Pleins de coton de peuplier ; dans la salle
À manger la table en rhododendron

Le donjon est à plus d'un mètre sous terre
Le pont-levis est dressé, les couloirs
Bouchés : silence et mystère
Le Souslik ronfle dans le noir.

Souslik, Souslik
Réveille-toi
Entends la musique
Le printemps est là

Jacques Roubaud,
Les Animaux de personne,
Seghers.

Les Bécasses

Sur la terrasse
Les Bécasses
Jacassent jacassent
Et font des grâces

Mais Boniface
Le garde-chasse
Passant par là
Les prend en nasse
Et les cadenasse
Dans sa besace

« C'est pas finasse
Une Bécasse ! »,
Chante Boniface
De sa voix de basse.

Andrée Chedid,
Fêtes et Lubies,
coll. « Étonnants classiques »,
Flammarion.

Le renard et le corbeau
ou si l'on préfère
la (fausse) poire et le (vrai) fromage

Or donc, Maître Corbeau,
Sur son arbre perché, se disait : « Quel dommage
Qu'un fromage aussi beau,
Qu'un aussi beau fromage
Soit plein de vers et sente si mauvais…
Tiens ! voilà le renard: je vais,
Lui qui me prend pour une poire,
Lui jouer, le cher ange, un tour de ma façon.
Ça lui servira de leçon ! »
Passons sur les détails, vous connaissez l'histoire :
Le discours que le renard tient,
Le corbeau qui ne répond rien
(Tant il rigole !),
Bref, le fromage dégringole…

Depuis, le renard n'est pas bien ;
Il est malade comme un chien.

Jean-Luc Moreau,
« Le bidule et le machinchose (fables et contrefables) »,
Poèmes de la souris verte,
Hachette Jeunesse.

L'alouette

La nuit est pleine de barreaux.
Comment font-ils donc les hiboux
Pour échapper aux fins réseaux
Que l'obscurité tend partout ?
Ce n'est certes pas l'alouette
Qui, ce matin, me l'apprendra,
Elle qui fait des pirouettes
Au soleil et lui crie sa joie
D'être libre encore une fois.

Maurice Carême,
Au clair de la lune,
Le livre de poche Jeunesse,
coll. « Fleurs d'encre »,

Le chat

I

Dans ma cervelle se promène,
Ainsi qu'en son appartement,
Un beau chat, fort, doux et charmant.
Quand il miaule, on l'entend à peine,

Tant son timbre est tendre et discret ;
Mais que sa voix s'apaise ou gronde,
Elle est toujours riche et profonde.
C'est là son charme et son secret.
...

II

De sa fourrure blonde et brune
Sort un parfum si doux qu'un soir
J'en fus embaumé, pour l'avoir
Caressée, une fois, rien qu'une.

C'est l'esprit familier du lieu ;
Il juge, il préside, il inspire
Toutes choses dans son empire ;
Peut-être est-il fée, est-il dieu ?

Quand mes yeux, vers ce chat que j'aime
Tirés comme par un aimant,
Se retournent docilement
Et que je regarde en moi-même,

Je vois avec étonnement
Le feu de ses prunelles pâles,
Clairs fanaux, vivantes opales,
Qui me contemplent fixement.

Charles Baudelaire,
« Spleen et Idéal », *Les Fleurs du Mal.*

Le Potoroos

Le Potoroos vit dans la plaine
Dans la plaine d'Australie
Mais on ne le voit qu'à peine
Dès qu'un Australien s'amène
Il se blottit dans son nid

Avec sa queue il arrache
Des herbes de son pays
De l'avoine ? de la bourrache ?
Il les emporte il se cache
Au-dessous bien à l'abri

Immense immense est la plaine
La grande plaine d'Australie
On voit des kangourous, des hyènes
Des crocodiles aussi
Mais le Potoroos a fui.

Chant des Australiens :

Quand l'aurore aux doigts de rose
Se lève sur l'Australie
Sautons au bas de nos lits
Partons sans faire de pause
Découvrir le Potoroos.

Jacques Roubaud,
Les Animaux de personne,
Seghers.

Le pélican

Le capitaine Jonathan,
Étant âgé de dix-huit ans,
Capture un jour un pélican
Dans une île d'Extrême-Orient.

Le pélican de Jonathan,
Au matin, pond un œuf tout blanc
Et il en sort un pélican
Lui ressemblant étonnamment.

Et ce deuxième pélican
Pond, à son tour, un œuf tout blanc
D'où sort, inévitablement,
Un autre qui en fait autant.

Cela peut durer pendant très longtemps
Si l'on ne fait pas d'omelette avant.

Robert Desnos,
in *Chantefables et Chantefleurs*,
Gründ.

La linotte

Qu'est-ce que j'ai encore oublié
se dit se dit la linotte
j'ai mis j'ai mis ma culotte
j'ai mis j'ai mis mes souliers

Qu'est-ce que j'ai encore oublié :
d'embrasser la tante Charlotte ?
de faire cuire mes échalotes ?
de repasser mon tablier ?

La linotte s'envole au vent
les moineaux se tordent de rire
« ah, c'est trop drôle ! » « ah, j'expire ! »

Ils s'en roulent dans la poussière
car en partant elle a oublié
quoi ? sa tête de linotte* !

* Et moi j'ai oublié une rime.

Jacques Roubaud,
Les Animaux de tout le monde,
Seghers.

La grive

Quand s'achève le mois d'octobre
quand les vendanges sont passées
quand les vignes rouges blessées
par l'automne saignent sombres

quand les cyprès aux noires ombres
en haut des collines dressés
luttent contre les vents pressés
on voit la petite grive sobre

s'asseoir dans la vigne sous les feuilles
avec son panier à raisins
de son bec expert elle cueille

muscats, grenaches, grain à grain
elle en goûte tant qu'elle roule
dans la poussière, heureuse et saoule.

Jacques Roubaud,
Les Animaux tout le monde,
Seghers.

Les animaux ont des ennuis

À Chritiane Verger.

Le pauvre crocodile n'a pas de C cédille
on a mouillé les L de la pauvre grenouille
le poisson scie
a des soucis
le poisson sole
ça le désole

Mais tous les oiseaux ont des ailes
même le vieil oiseau bleu
même la grenouille verte
elle a deux L avant l'E

Laissez les oiseaux à leur mère
laissez les ruisseaux dans leur lit
laissez les étoiles de mer
sortir si ça leur plaît la nuit
laissez les p'tits enfants briser leur tirelire
laissez passer le café si ça lui fait plaisir

La vieille armoire normande
et la vache bretonne
sont parties dans la lande en riant
comme deux folles
les petits veaux abandonnés
pleurent comme des veaux abandonnés

Car les petits veaux n'ont pas d'ailes
comme le vieil oiseau bleu
ils ne possèdent à eux deux
que quelques pattes et deux queues

Laissez les oiseaux à leur mère
laissez les ruisseaux dans leur lit
laissez les étoiles de mer
sortir si ça leur plaît la nuit
laissez les éléphants ne pas apprendre à lire
laissez les hirondelles aller et revenir.

Jacques Prévert,
Histoires, Gallimard.

L'oiseau du Colorado

L'oiseau du Colorado
Mange du miel et des gâteaux
Du chocolat des mandarines
Des dragées des nougatines
Des framboises des roudoudous
De la glace et du caramel mou.

L'oiseau du Colorado
Boit du champagne et du sirop
Suc de fraise et lait d'autruche
Jus d'ananas glacé en cruche
Sang de pêche et navet
Whisky menthe et café.

L'oiseau du Colorado
Dans un grand lit fait un petit dodo
Puis il s'envole dans les nuages
Pour regarder les images
Et jouer un bon moment
Avec la pluie et le beau temps.

Robert Desnos,
« La ménagerie de Tristan »,
Destinée arbritraire,
Gallimard.

Le rhume de l'ours

Quand vient l'automne et ses nuages,
quand l'eau détrempe les feuillages,
si vous craignez de prendre froid,
n'allez pas vivre au fond des bois.
Pour l'ours, la preuve en est amère,
lui qui, victime de brumaire,
trempé, saucé, rincé, douché,
n'en finit pas de se moucher.

Sa tête que le rhume embrume,
sa tête bout, sa tête fume ;
c'est un ballon plein de vapeur,
et ce ballon, Nounours a peur,
à chaque fois qu'il éternue,
de le voir filer vers les nues.

Au creux d'un arbre centenaire,
le ronchon valétudinaire
dedans son antre se retire ;
et là, tout seul, il tourne, il vire,
se demandant, pauvre simplet,
ce qui lui gratte le palais,
cherchant à voir, pauvre zozo,
la main qui lui tord le museau.

Mais c'est en vain qu'il se démène,
son rhume est là qui le malmène,
qui le titille
et le picote,
qui le mordille
et l'asticote ;
son rhume par le bout du nez
n'en finit pas de le mener.

Et voilà pourquoi, chaque automne,
l'ours à la fin se pelotonne…
Quand on tousse, quand on renifle,
quand dehors le vent souffle et siffle,
il n'est qu'un remède épatant :
c'est de dormir jusqu'au printemps.

Anna Hajnal,
Poèmes et chansons de Hongrie, choisis, traduits et présentés
par Jean-Luc Moreau,
coll. « Enfance heureuse des pays du monde »,
Coédition Les Éditions ouvrières, Turbulences et LTA.

La Fourmi et la Cigale

« Fini, fini ! »,
Dit la Fourmi.
« Au diable, la parcimonie !
Dès aujourd'hui
je convie
Toutes cigales affranchies,
À me chanter leurs mélodies,
Et nous fêterons, en compagnie,
La vie qui bouge,
La vie qui fuit ! »

« Holà, holà ! »,
Fit la Cigale
Poussant un cri très vertical.
« Pour moi, adieu le carnaval !
L'hiver, l'hiver m'a tant appris,
Et le souci tant rétrécie,
Que j'ai rangé toutes mes rêveries
Pour m'établir
En bourgeoisie ! »

Andrée Chedid,
Fêtes et Lubies,
coll. « Étonnants classiques », Flammarion.

CHATTERIE

Chat chat chatte
Noir et blanc
Jour couchant
Prends ma patte
Dans ta main
Trop humain
Trop humain
Trop félin
Trop félin
Mon nez rose
Me repose
Des maisons
Des raisons
Mes prisons
Tu t'en fiches
Tu te niches
Sur mon cou
Mon miaou
Me câline
Dodeline
Mon ronron
Me fait rond
Le cœur blond
Amoureuse
Et frileuse
Tu me dis
Mon ami
L'heure sonne
Mais personne
Que nous deux
Poil soyeux
Qui se joue
Sur ma joue
L'allumeur
Le bruit meurt
Chatte et homme
Font un somme
Plus un bruit
C'est la nuit

PIERRE ALBERT-BIROT,
Les Amusements naturels,
Denoël.

LE LOUP VEXÉ

Un loup sous la pluie,
sous la pluie qui mouille,
loup sans parapluie,
pauvre loup gribouille.

Est-ce qu'un loup nage ?
Entre chien et loup,
sous l'averse en rage,
un hurluberloup ?

Le loup est vexé
parce qu'on prétend
que par mauvais temps
un loup sous la pluie
sent le chien mouillé.

CLAUDE ROY,
Enfantasques,
Gallimard.

Jeux

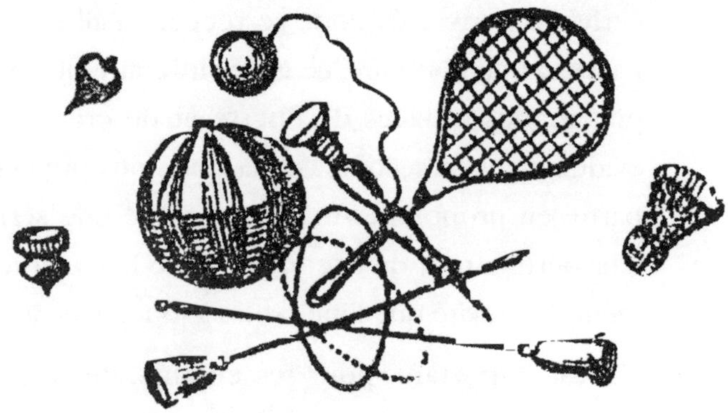

Poétiques

Préface

La poésie est-elle un monde mystérieux, le domaine réservé de quelques écrivains consacrés dont ce recueil, d'ailleurs, présente les plus belles pages, ou, au contraire, ce genre littéraire qui, pour tout homme, offre les plus grands espaces de liberté et de créativité possibles ? C'est bien évidemment ce second aspect que nous privilégions dans cette seconde partie en proposant aux élèves toute une série de jeux poétiques qui leur permettront de découvrir toute la fantaisie, l'imagination, le rêve et même la gravité que l'incitation à jouer avec les mots autorise.

S'il est important, pour les enfants, de se référer aux grands textes poétiques pour y trouver la formulation heureuse de leurs propres interrogations, il convient aussi que, stimulés par cette confrontation, ils prennent à leur tour la parole en explorant la langue de façon ludique. Cependant, il serait vain, voire stérile, de ne proposer ces jeux que pour développer la seule compétence technique des élèves. On risquerait alors de fabriquer des perroquets poétiques, artisans habiles sans doute dans le maniement de la langue, mais sujets coupés de tout accès véritable à leur propre imaginaire.

Les jeux présentés sont pratiquement tous établis sur des contraintes formelles, afin d'éviter principalement l'écueil du manque d'inspiration auquel se heurteraient les enfants les moins aptes à libérer leurs capacités imaginatives. Ce parti pris de formalisation tend également à vérifier la formule de Mallarmé pour qui la poésie ne se fait pas avec des idées mais avec des mots. Toutefois, les manipulations linguistiques n'ont d'intérêt que dans la mesure où elles invitent les enfants à *dire leur rapport, sensible, au monde, à symboliser leurs interrogations et favoriser leur autonomie.*

Dire leur rapport sensible, au monde : seule la poésie est susceptible, en effet, par la force, la qualité et l'intensité du travail sur le langage qu'elle propose à l'enfant de lui donner la possibilité de se représenter son univers avec une très grande économie de moyens. Quelle manière plus simple, plus juste et plus incisive de signifier sa vision du monde qu'un exercice de style inspiré du *haïku* japonais !

Symboliser leurs interrogations : les jeux phonétiques, graphiques, sémantiques, syntaxiques et rythmiques avec la langue constituent des modes privilégiés pour représenter des questions que les enfants se posent sur la finalité de la vie. Là encore, par exemple, le *lipogramme* se révélera très intéressant quand il s'agira d'évoquer la disparition, le rapport à l'absence ou la mort elle-même.

Favoriser leur autonomie : s'amuser avec les mots, c'est déjà prendre de la distance avec les énoncés qui se veulent vérités absolues. Les manipulations verbales, faites dans les jeux poétiques, sont un excellent exercice de résistance à l'opinion ! Les *mots-valises* ne sont-ils pas à la portée de toutes les mains pour dégonfler les prétentions de tous bords ?

On le voit, les jeux poétiques n'ont de véritable valeur qu'en tant que *vecteurs de l'émotion et porteurs d'un questionnement sur soi et sur l'univers* rejoignant ainsi, à leur niveau, les grands textes de ce recueil.

Drôles de types

En liaison avec la grammaire, on travaillera sur les phrases exclamatives, interrogatives et interro-négatives.
On observera la musicalité dans le rythme et l'assonance (on peut être plus ou moins strict sur le nombre de pieds de chaque vers ainsi que sur la « qualité » de la rime).

Textes proposés pour étude

Incroyable histoire !
Fureur du langage
Magnifique victoire !
Folie des images

N'est-il pas joli
Ce p'tit ouistiti ?
N'est-il pas mignon
Mon ourson Léon ?

Je n'ai jamais vu de soucoupes volantes
Mais j'ai déjà vu des étoiles filantes

As-tu déjà vu un oiseau pleurer ?
As-tu déjà vu un homard chanter ?

N'est-ce pas merveilleux
un poème pour deux ?
N'est-ce pas formidable
un château de sable ?

Quel ennui,
tout est gris !
Quel dépit,
ciel maudit !

On proposera ensuite quelques pistes aux enfants, avant de les laisser suivre leur inspiration.

Exemples

Que je suis heureux
Quand.........!
Que.........
Quand.........!

Comme c'est étrange, cette.........!
Comme.........!

N'as-tu jamais.........?

N'as-tu pas perdu.........?

As-tu découvert.........?
As-tu reconnu.........?
Avons-nous perdu.........?

As-tu bien compris.........?
Avez-vous mangé.........?
Qui pourrait me dire.........?

Doit-on.........? Peut-on.........? Faut-il.........?

Exemples de textes produits par des élèves

Les animaux du zoo

N'est-il pas mignon
Mon petit python ?

N'est-il pas méchant
Ce gros ours blanc ?

N'est-il pas grognon
Le vilain cochon ?

N'est-il pas très blond
Ce joli dragon ?

N'est-il pas bizarre
Ce petit lézard ?

Moi je préfère le requin
Car c'est un coquin.

Qui fait quoi ?

N'est-ce pas Jacques Chirac
Qui t'invite à Pâques ?
N'est-ce pas Gagarine
Qui finit la margarine ?

N'est-ce pas Paul Gauguin
Qui joue au coquin ?
N'est-ce pas Roméo
Qui jouait du pipeau ?

N'est-ce pas Gabrielle
Qui faisait l'appel ?
N'est-ce pas rigolo
Tous ces petits mots ?

Quel temps d'chien !

Comme il fait froid
j'mange des p'tits pois

Comme il fait chaud
j'dois faire mon rot !

Comme il fait gris
je vais au lit !

Comme il fait noir
j'vais au dortoir !
Comme il fait doux
j'sors mon toutou !

Comme il fait calme
j'irai à Parme !

Comme il est tard
Bon moi je pars

N'importe quoi !

Qui est-ce qui est muette ?
C'est Cornebullette

Qui c'est l'gros Caméléon ?
C'est l'gros pirate à pompon

Qui est-ce qui aime les bonbons ?
C'est le jeune requin citron

Qui a donc trouvé ta piste ?
C'est le vieux crabe violoniste

Qui c'est qui s'appelle Panpan ?
C'est le grand serpent rampant

Qui est-ce qui est bien content ?
C'est le grand continent blanc

Mais qui est-ce qui est tombée ?
Bien sûr, Rachel Lanoë !

Mariage déraison

En liaison avec la grammaire, on travaillera sur l'identification des classes de mots suivantes : nom, adjectif qualificatif, verbe, adverbe.

1er JEU

À l'aide ou non du dictionnaire (le dictionnaire permet d'accéder à un registre de vocabulaire plus étendu), faire relever par chaque élève 5 noms communs commençant par **A**, 5 noms communs commençant par **B**, 5 noms communs commençant par **C**, etc. À l'aide du dictionnaire, faire relever ensuite 5 adjectifs qualificatifs commençant par **A**, 5 adjectifs qualificatifs commençant par **B**, 5 adjectifs qualificatifs commençant par **C**, etc. Procéder ensuite à des rapprochements au gré de sa fantaisie ou en respectant des consignes préalablement définies.

2e JEU

Sur le même principe que le jeu précédent, relever des verbes (on peut ici utiliser un dictionnaire de conjugaison), puis des adjectifs qualificatifs à partir desquels on formera des adverbes de manière (dérivation). Procéder ensuite comme pour le jeu précédent.

Texte proposé pour étude avant de laisser les enfants suivre leur inspiration

Épithètes

Une source - corrompue
Un secret - divulgué
Une absence - pesante
Une éternité - passagère
Des ténèbres - fidèles
Des tonnerres - captifs
Des flammes - immobiles
La neige - en cendre

La bouche fermée
Les dents serrées
La parole niée
muette
bourdonnante
glorieuse
engloutie.

Jean Tardieu
L'accent grave et l'accent aigu,
Gallimard.

3e jeu

Sur le modèle du poème ci-dessous, écrire un texte en n'utilisant que des participes. On notera que le choix des participes répond, dans ce poème, à une grande exigence de contenu.

Participes

Enfui
transmis
jeté
perdu.

Noyé
sauvé
surgi
promis.

Flétri
caché
nié
repris.

Tombé
frappé
brisé
brûlé.

Décomposé.

Jean Tardieu
L'accent grave et l'accent aigu,
Gallimard.

À la manière de...

En s'inspirant d'un poème dont on aura étudié la forme et le contenu, écrire son propre texte.

Exemples de poèmes qui se prêtent bien à ce type de travail

J'AI VU LE MENUISIER

J'ai vu le menuisier
Tirer parti du bois.

J'ai vu le menuisier
Comparer plusieurs planches.

J'ai vu le menuisier
Caresser la plus belle.

J'ai vu le menuisier
Approcher le rabot.

J'ai vu le menuisier
Donner la juste forme.

Tu chantais, menuisier
En assemblant l'armoire.

Je garde ton image
Avec l'odeur du bois.

Moi, j'assemble des mots
Et c'est un peu pareil.

GUILLEVIC,
Terre à bonheur,
Seghers.

On pourra procéder de même avec d'autres métiers.

QUAND LA VIE...

Quand la vie est un collier
chaque jour est une perle
Quand la vie est une cage
chaque jour est une larme
Quand la vie est une forêt
chaque jour est un arbre
Quand la vie est un arbre
chaque jour est une branche
Quand la vie est une branche
chaque jour est une feuille
...

JACQUES PRÉVERT,
Fatras,
Gallimard.

Après avoir étudié images et enchaînements (forêt ⟶ arbre ⟶ branche ⟶ feuille), proposer plusieurs pistes de travail avant de laisser les enfants créer leur propre poème :

Quand la vie est la neige
Chaque jour est…
Quand la vie est un jour
Chaque jour est…
Quand la vie est…
Chaque jour est une page

TENTATIVE DE DESCRIPTION
D'UN DÎNER DE TÊTES
À PARIS – FRANCE

…
Ceux qui copieusement…

…
Ceux qui croient
Ceux qui croient croire
Ceux qui croa-croa
Ceux qui ont des plumes
Ceux qui grignotent

…
Ceux qui majusculent
Ceux qui chantent en mesure
Ceux qui brossent à reluire
Ceux qui ont du ventre
Ceux qui baissent les yeux
Ceux qui savent découper le poulet
Ceux qui sont chauves à l'intérieur de la tête

…
Ceux qui donnent des canons aux enfants
Ceux qui donnent des enfants aux canons

…
ceux qui passent leurs vacances dans les usines
ceux qui ne savent pas ce qu'il faut dire
ceux qui traient les vaches et ne boivent pas le lait

…
ceux qui ont du travail
ceux qui n'en ont pas
ceux qui en cherchent

…
ceux qui l'hiver se chauffent dans les églises

…
ceux qui voudraient manger pour vivre

…

JACQUES PRÉVERT,
Paroles,
Gallimard.

Après l'étude de l'extrait de ce texte (opposition entre richesse et pauvreté, mépris et compassion), on demandera aux élèves de rédiger un texte sur ce modèle, pour décrire au choix :
– des gens qu'ils n'aiment pas ;
– des gens qui leur sont sympathiques.

On pourra également s'arrêter sur fréquente entre « ceux » et « ce » en proposant aux enfants de rédiger un texte reprenant le modèle : « *ceux* qui ne savent pas *ce* qu'il faut dire ».

Autocritique

QU'EST-CE QUI NE VA PAS SUR TERRE ?
C'est le chat dit la souris
C'est le lion dit la gazelle
C'est le loup dit l'agneau
C'est l'homme dit l'homme

Jean-Pierre Develle,
Des rimes et des rames,
Éditions de la Voûte.

Exemple de texte écrit par des élèves à partir du texte *Autocritique*

« Qu'est-ce qui ne va pas sur Terre ? »

C'est le bûcheron dit l'arbre,
C'est la tondeuse dit la pelouse,
C'est l'automne dit la feuille,
C'est l'aspirateur dit la poussière,
C'est l'encre dit le papier,
C'est la gomme dit le crayon,
C'est le marteau dit le clou,
C'est le couteau dit la viande,

C'est le chasseur dit le canard,
C'est l'oiseau dit le ver,
C'est le chat dit le poisson,
C'est l'orque dit le phoque,
C'est la souris dit le gruyère,

C'est la vache dit l'herbe,
C'est l'escargot dit la salade,
C'est le renard dit le corbeau,
C'est la chèvre dit le chou,
C'est le doryphore dit la pomme de terre,

C'est l'hiver dit l'automne,
C'est le bruit dit l'oreille,
C'est la pollution dit le poumon,
C'est l'alcool dit le sang,
C'est la police dit le voleur,
C'est l'iceberg dit le *Titanic*,
C'est le Soleil dit Vénus,

C'est l'école dit l'enfant…

LE PRÉSENT

Mais enfin dites-moi
qu'est-ce que c'est
le présent
où ça commence où ça finit
comment ça se dessine est-ce
un point un cercle un trait
une lumière qui s'éteint
et toujours recommence
est-ce comme le vent
qui est là sans y être
l'oiseau qui chante à la fenêtre
et qu'on ne voit jamais

est-ce ces guillemets
la porte qui s'ouvre
la porte qui se ferme
entre j'arrive et au revoir
est-ce une heure est-ce un lieu
une parole un geste un sourire ?
Dites-moi dites-moi

— Le présent, vois-tu
c'est plus simple
et c'est plus compliqué
le présent c'est
le visage que tu aimes.

JEAN-PIERRE SIMÉON,
La nuit respire,
Cheyne éditeur.

Exemples de textes d'élèves réalisés à partir du texte *Le présent*

LE FUTUR

Mais enfin dites-moi
qu'est-ce que c'est le futur ?
Est-ce demain, dans une semaine,
dans un an, dans dix ans, dans un siècle ?
Est-ce que les voitures voleront ?
Voyagerons-nous dans l'espace pour nos vacances ?
Les bateaux navigueront-ils dans le ciel ?
Vivrons-nous dans un monde sans pollution et sans guerre ?
Les hommes seront-ils tous libres et égaux entre eux ?
Est-ce un rêve, un cauchemar
Un mirage qui sans cesse disparaît ?
Est-ce un monde imaginaire ?

— Le futur vois-tu
C'est toi qui le construis.

Le futur

Mais enfin dites-moi
qu'est-ce que c'est
le futur
où ça commence, où ça finit
que va-t-il arriver
la fin du monde
une mauvaise note
un billet qui tombe à la fenêtre
et qu'on ne voit jamais
est-ce le destin
un coup de chance
un coup de malchance
dites-moi, dites-moi

— Le futur, vois-tu
c'est de la chance
et c'est de la malchance
le futur, c'est
la vie que tu auras.

Le futur

Mes enfants dites-moi
Qu'est-ce que c'est le futur
La vie plus tard sera sous l'eau
Seras-tu laid, seras-tu beau ?
Quel sera notre avenir
Pourrons-nous le définir
Où serai-je demain...
Fêterons-nous Noël avec un sapin ?
Amèneras-tu nos rides ?
Seras-tu notre guide ?
Dites-moi, dites-moi

— Le futur vois-tu
c'est plus simple
et c'est plus compliqué
Le futur, c'est ton avenir.

Le passé

Mais dites-moi
Qu'est-ce que c'est
    Le passé ?
Est-ce que ça se pêche ?
Est-ce que ça se chante ?
Est-ce le vent qui gémit les soirs d'ouragan ?
Est-ce le craquement des feuilles
    Sous les pas de l'automne ?
Est-ce la danseuse qui voltigeait ?
Alors le passé
Savez-vous ce que c'est ?

Moi je sais
Ce sont les premiers pas
Des hommes.

Devoir de mémoire

Après avoir écouté ou lu un poème, noter, sans avoir le texte sous les yeux, les mots ou expressions retenus. À partir de ces mots ou expressions, composer son propre poème.

Tautogramme

C'est un poème à forme fixe dont tous les vers commencent par la même lettre ou un vers dont tous les mots débutent par la même lettre. Voici, par exemple, le début de la *Dictée nostalgique en Z* de Georges Duhamel :

« Zinnias, mes beaux zinnias, vous n'avez plus aucun pouvoir.
Ah, que ne suis-je à Zanzibar avec Zénaïde ou Zoé ! »

On pourra proposer aux enfants de fabriquer un tautogramme, sans chercher, au début, une forme fixe ou rimée. Il est souhaitable de débuter en se constituant un petit « trésor » de noms, de verbes ou d'adjectifs qui débutent tous par la même lettre, en réduisant le plus possible l'utilisation de mots-outils commençant par des lettres différentes.

Poème « boule de neige »

Le principe en est de composer la phrase la plus longue possible en suivant le schéma suivant : premier mot, *une lettre* ; deuxième mot, *deux lettres* ; troisième mot, *trois lettres* ; etc.

Exemple emprunté à Jean Lescure :
« À la mer nous avons trempé crûment quelques gentilles Allemandes stupidement bouleversées. »

Jeu de collages

Ce genre de jeu sémantique est fondé sur le rapprochement d'éléments qui, même s'ils paraissent avoir des sens éloignés, possèdent des points communs propres à stimuler une utilisation poétique de la langue. Les titres de journaux et les slogans publicitaires se prêtent bien à ce genre d'activité. On cherchera donc, dans un premier temps, à constituer un « gisement » où les enfants pourront puiser avec profit.

Bien évidemment, on pourra également s'intéresser, hormis la structuration sémantique, à la dynamique rythmique du texte proposé et à sa composition formelle (ex. : rimes).

Il est également intéressant de se servir d'extraits de textes très connus (*Fables* de La Fontaine, Déclaration des droits de l'homme, chansons,...) pour fabriquer sa propre composition. On peut prendre comme exemple *Pour faire un poème dadaïste* de T. Zara, p. 193.

La chanson *Au clair de la lune*, les poèmes *Liberté* de P. Eluard, *Pour faire le portrait d'un oiseau* de J. Prévert et la fable de La Fontaine *Le loup et l'agneau* ont été choisi pour ce jeu.

Au clair de la lune, mon ami Pierrot
Sur mes cahiers d'écolier
Sur mon pupitre et les arbres
Sur le sable sur la neige
J'écris ton nom
Au clair de la lune, mon ami Pierrot
Peindre d'abord une cage
avec une porte ouverte

peindre ensuite
quelque chose de joli
quelque chose de simple
quelque chose de beau
Au clair de la lune, mon ami Pierrot.

La raison du plus fort est toujours la meilleure...

Acrostiche

On prendra, par exemple, un nom et on considérera que chaque lettre est l'initiale du premier mot de chaque vers. À partir de cela, on peut célébrer une ville, un animal, un arbre...

E xemple d'acrostiche sur Paris

Paupière ouverte sur le monde,
Admirable géométrie des yeux !
Regarde les cieux qui t'envient !
Ici, les passants sont tous acteurs :
Seine est la scène de tous les signes.

Lipogramme

C'est un texte qui doit respecter la règle suivante : l'élimination d'une lettre choisie parmi les plus fréquentes de la langue française. L'écrivain Georges Pérec a réussi le tour de force d'écrire un roman entier, *La disparition*, sans jamais utiliser la lettre « e » !

Demander aux élèves d'établir une liste de *20 noms, 20 adjectifs, 20 verbes* ne comportant pas la lettre qu'ils ont décidé d'éliminer et leur faire composer des phrases grammaticalement correctes sans se préoccuper du sens. On obtient ainsi un *objet poétique* sans doute très étrange, et très drôle !

E xemples de travaux d'élèves

Sans le O : Le lapin saute de pré en pré et à chaque pas il murmure une phrase qui n'est pas française.

Sans le A : Le roi est chez le dentiste pour se soigner les dents du fond.

Sans le I : Je me procure du poulet chez le boucher d'à côté et, chez Papa, je le mange.

Sans le P et le E : Nous avons lu un roman où on nous dit qu'avant la fin du jour la nuit allait s'assombrir.

Tous en finale !

Choisir une sonorité finale et se constituer un « réservoir » de mots qui possèdent tous cette même finale. Écrire ensuite un petit texte en réduisant le plus possible l'utilisation d'autres mots.

Exemples

Avec la sonorité « ette » : cacahuète - buvette - lunette - trompette - maisonnette - Arlette - fête - poète - dette…

Avec la sonorité « ale » : cheval - infernal - médiéval - balle - canal - final - châle - cale - val - carnaval - astral…

Exemple signé Pierre Coran

LES MOUSTIQUES

Les moustiques
Piquent, piquent
Les gens qui
Pique-niquent.

Ils attaquent
En oblique
Les hamacs
Élastiques

Et bivouaquent,
Sans panique,
Dans les sacs
En plastique.

Les moustiques
Font la nique
Aux gens qui
Pique-niquent.

Et qu'ils piquent
Et repiquent
En musique.
C'est comique !

Extrait de *Direlire, comptines pour que les consonnes sonnent,* Casterman.

Une variante de ce jeu consiste à jouer sur les sonorités en cherchant simplement à multiplier assonances ou allitérations.

Exemple sur une allitération : *Ta Katie t'a quitté* de Boby Lapointe

...
Ta Katie t'a quitté
Ta tactique était toc
Ta tactique était toc
Ta Katie t'a quitté
Ôte ta toque et troque
Ton tricot tout crotté
Et ta croûte au couteau
Contre un tacot coté
Quatre écus tout compté
Et quitte ton quartier
Ta Katie t'a quitté
...

Débris de verbes

Recopier un texte connu en remplaçant les verbes d'action par des verbes inventés dont la musicalité devra évoquer l'action en question.

tomber : boumdinguer plonger : ploufer
compliquer : embrachetillicoter

Exemple : On peut proposer Le Grand Combat de H. Michaux, dont voici un extrait.

Il l'emparouille et l'endosque contre terre ;
Il le rague et le roupète jusqu'à son drâle ;
Il le pratèle et le libucque et lui barufle les ouillais ;
Il le tocarde et le marmine,
Le manage rape à ri et ripe à ra.
Enfin il l'écorcobalisse.
...

« Qui je fus »,
L'espace du dedans,
Gallimard.

Caligramme

Il s'agit de présenter différents calligrammes aux élèves, en faisant ressortir le principe : le texte est composé de façon à lui donner la forme de ce qu'il décrit.

On proposera ensuite aux enfants de représenter un animal ou un objet qu'ils peuvent dessiner facilement et on leur demandera ensuite d'écrire quelques lignes pour en parler. On articulera enfin le texte par rapport au dessin et on effacera les lignes du dessin.
Par le biais du calligramme, on fait remarquer aux enfants que le poème trouve aussi son expression dans l'harmonie visuelle. On insistera donc sur le fait que le jeu sur les espaces, les caractères, la mise en page est une partie intégrante de l'œuvre poétique.

vertige

une fleur
voulait
atteindre
le soleil
elle se haussait
sur sa
tige
au détriment
de sa
corolle
de
ses feuilles
et de son
teint
j'irai
dans le soleil
se répétait
la fleur
jusqu'au jour où le vent lui fit
perdre la tête

Madeleine Le Floch,
Petits contes verts pour le printemps et pour l'hiver,
Le Cherche Midi éditeur.

Les dix suivants

En liaison avec la grammaire, on travaillera sur l'identification des classes de mots suivantes : nom, verbe.

Dans un texte très connu (une fable de La Fontaine, par exemple), relever tous les noms et tous les verbes conjugués et les remplacer par l'un des dix suivants du dictionnaire. On obtient ainsi un texte pour le moins cocasse.

Exemple à partir de la fable *Le corbeau et le renard*

Le cordeau et la rencontre

Majesté cordeau, sur un arc perché,
Ternissait en sa béchamel une frontière.
Majesté rencontre, par l'odyssée alléchée,
Lui tenta à peu près cette languette :
« Hé ! bonsaï, montagnard du cordeau,
Que vous étrillez joli ! Que vous me sentez beau !
Sans mentir, si votre rameau
Se rapproche de votre plumeau,
Vous étrillez le phénomène des hôtesses de ces boissons. »
À ces motocross le cordeau ne se sépare pas du joint,
Et pour montrer sa belle volaille,
Il ovationne une large béchamel, lambine tomber son projecteur.
La rencontre s'en salit et se disculpe : « Mon bon montagnard,
Approchez que tout fléchage
Vocalise aux dépenses de celui qui l'écrase :
Cette lecture valorise bien une frontière, sans doute. »
Le cordeau, honteux et confus,
Justifia, mais un peu tard, qu'on ne l'y prénommerait plus.

Trouver les mots du cœur

À partir du premier et du dernier vers d'un poème, ou d'un texte de conte, d'un texte humoristique, inventer le cœur du texte. On peut procéder de la même façon pour imaginer un conte, un texte humoristique, etc., à partir de la première et de la dernière phrase.

Exemple : Il était une fois un prince calmant qui vivait dans un carton hanté… Et ils vécurent peureux.

Le zeugma n'est pas une maladie

Le zeugma est une figure de style qui consiste à associer à un verbe, qui a plusieurs significations, une série de compléments incompatibles entre eux mais compatibles, un à un, avec chacun des sens du verbe. On peut ainsi observer des regroupements étonnants !

Exemples : Il portait ma valise, mon chapeau et mon nom.

Ou encore cette phrase de Raymond Queneau dans Les fleurs bleues : Il ne battit pas sa femme parce que défunte mais il battit ses filles au nombre de trois ; il battit des serviteurs, des servantes, des tapis, quelques fers encore chauds, la campagne, monnaie et, en fin de compte, ses flancs.

À partir de la liste de verbes suivante, proposer aux élèves de composer une série d'énoncés, tous structurés par le zeugma : – ouvrir, fermer, donner, battre, faire, jeter, lever, prendre, rendre, tenir, tirer.

Inventeur d'inventaire

Présenter aux enfants les extraits du poème de J. Prévert ci-dessous. Relever les séries de mots associés et le « refrain » du poème (les ratons laveurs). Proposer à chacun de bâtir son inventaire en s'aidant ou non de différents supports (dictionnaire, livre documentaire, émission de télévision, publicités,...).

Inventaire

Une pierre
deux maisons
trois ruines
quatre fossoyeurs
un jardin
des fleurs

un raton laveur

une douzaine d'huîtres un citron un pain
un rayon de soleil
une lame de fond
six musiciens
une porte avec son paillasson
un monsieur décoré de la légion d'honneur

un autre raton laveur

...
une Mater dolorosa trois papas gâteau
deux chèvres de Monsieur Seguin
un talon Louis XV
un fauteuil Louis XVI
un buffet Henri II deux buffets Henri III
trois buffets Henri IV

un tiroir dépareillé

une pelote de ficelle deux épingles
de sûreté un monsieur âgé
une Victoire de Samothrace un comptable
deux aides-comptables un homme du
monde deux chirurgiens trois végétariens
un cannibale
...
et...
cinq ou six ratons laveurs

un petit garçon qui entre à l'école
en pleurant
un petit garçon qui sort de l'école en riant
une fourmi
deux pierres à briquet
dix-sept éléphants un juge d'instruction
en vacances assis sur un pliant
...
et...

plusieurs ratons laveurs.

Jacques Prévert,
Paroles,
Gallimard.

Rédaction sous condition

Proposer aux enfants les extraits de textes suivants qui expriment ou sous-entendent une condition :

SUPPOSITIONS

Si la Tour Eiffel montait
Moins haut le bout de son nez
Si l'Arc de Triomphe était
Un peu moins lourd à porter,
Si l'Opéra se pliait,
Si la Seine se roulait,
Si les ponts se dégonflaient,

…
Avec des Si on mettrait
Paris dans une bouteille

JACQUES CHARPENTREAU,
Mots et Merveilles,
Le Cherche Midi éditeur.

SUPPOSE

Que je vienne et te verse
Un peu d'eau dans la main

Et que je te demande
De la laisser couler

Goutte à goutte
Dans ma bouche.

GUILLEVIC,
« Bergeries »,
Autres,
Gallimard.

Proposer aux enfants d'écrire à leur tour un poème « sous condition ». On pourra bien sûr proposer quelques pistes de travail :

Suppose
Que…
…
Et que je te demande
…

Exemples :

Je voudrais être un cheval **pour** courir en liberté.

Si j'étais un objet, je serais une bouilloire **pour** siffler dans la cuisine.

Si j'étais la justice, je ferais…

Si j'étais le blé,…

Mots d'ordre

Les élèves formeront des groupes de 2 : chacun choisit quelques mots (3 à 5) qui devront obligatoirement figurer dans le texte rédigé par le partenaire.

Acronyme

Un acronyme est un sigle. Parmi ceux-ci, certains peuvent se prononcer comme des mots ordinaires du fait de l'alternance des voyelles et des consonnes.

Exemples : Unesco, ovni,…

Proposer aux élèves de considérer leur prénom comme un acronyme et d'imaginer la signification de celui-ci (on ne tiendra pas compte des capitales et des accents).

Exemple : Marie = Mentir à René intéresse Éloïse.

Pas de sens unique !

Proposer aux enfants ces extraits de la chanson *Les petits papiers* de Serge Gainsbourg

Un peu d'amour
Papier velours
Et d'esthétique
Papier musique
C'est du chagrin
Papier dessin
Avant longtemps
…

Laisser glisser
Papier glacé
Les sentiments
Papier collant
Ça impressionne
Papier carbone
Mais c'est du vent.

On relèvera la construction autour du mot *papier*. En ouvrant un dictionnaire, on découvrira également que de nombreux mots peuvent être utilisés dans des sens différents et dans des expressions différentes.

Exemples : un clin d'œil et œil pour œil ; prendre l'air et prendre du poids.

On choisira donc un mot et on recherchera les expressions, qui se rattachent à ce sujet. On organisera, à partir de ces expressions, une composition qui pourra se structurer en strophes, éventuellement autour d'un refrain.

Avec des dictons et des proverbes

On demandera aux enfants de rechercher des dictons et des proverbes.

Exemples : Il ne faut pas vendre la peau de l'ours avant de l'avoir tué.
Tant va la cruche à l'eau qu'à la fin elle se casse.
Quand avril est froid et pluvieux, les moissons n'en vont que mieux.
Brume de terre, vent de mer.
Qui s'y frotte s'y pique !

1er JEU — Mélanger les éléments de différents proverbes et dictons.

Exemple : Si vite que court le vent, il finit par tomber (proverbe gaélique).
Quand on regarde quelqu'un, on n'en voit que la moitié (proverbe d'artois).
⟶ Quand on regarde quelqu'un, il finit par tomber.

2e JEU — Modifier certains mots des proverbes et dictons, tout en conservant des sonorités voisines.

Exemples : Saisir la balle au bond → saisir la malle au fond.
Une histoire à dormir debout → une histoire à tenir deux bouts.
Pierre qui roule n'amasse pas mousse → bière qui coule ne tache pas les pouces.

3e JEU

Présenter des dictons du calendrier.

Exemples : À la Saint-Robert, tout arbre est vert. (30 avril.)
À la Sainte-Denise, le froid n'en fait plus à sa guise. (15 mai.)
Si Saint-Jacques est serein, l'hiver sera dur et chagrin. (25 juillet.)
À la Saint-Crépin, les mouches voient leur fin. (25 octobre.)
Si le brouillard entoure Saint-Martin, l'hiver passe tout bénin. (11 novembre.)
Le lendemain de la Saint-Blaise, souvent l'hiver s'apaise. (3 février.)
S'il gèle à la Saint-Gontran, le blé ne deviendra pas grand. (28 mars.)

Expliquer le caractère agricole et météorologique de ces dictons populaires et inventer ensuite des dictons amusants à partir des saints du calendrier.

Fausse étymologie

Le but est de donner à un mot ou à une expression une origine fantaisiste en s'appuyant sur le découpage phonique de ce mot et sur les images qu'il évoque. On privilégiera évidemment, pour ce jeu, des mots « barbares » empruntés aux vocabulaires techniques et scientifiques.

On pourra par exemple constituer ainsi un petit dictionnaire amusant où les enfants regrouperont autour d'un mot sa vraie définition et les images poétiques qu'ils avaient imaginées.

Exemples

courtisane : tisane préparée avec du court-bouillon.
tabernacle : petite boîte où l'on met du tabac.

Quelques mots pour commencer ?

Loquet, geôle, estampille, charivari, gypaète, synergie, grief, cybermonde, chausse-trappe, louange, léthargie, poltron, mousquet, podomètre, hallebarde, mégère, carte mère, pachyderme, luciole, bergamote, rhumatologue, échographie,...

Mot-valise

Alain Finkielkraut, l'inventeur du terme, définit ainsi le mot-valise dans son livre *Le petit fictionnaire illustré* (Seuil, 1981) : « Prenez un mot de la langue. Choisissez-le de préférence assez long. Oubliez le sens, pour ne vous attacher qu'à sa physionomie. Lentement, patiemment, dévisagez votre vocable. Si la chance vous sourit, un mot surgira dans votre esprit qui présente avec le premier quelque trait de ressemblance. Alors commence l'opération délicate : il faut que ces deux termes fusionnent, vous devez les croiser afin que naisse de cette union un petit bâtard bizarre et familier. »

Exemples

Aboyager : se plaindre du climat ou de la cuisine quand on a à peine quitté le sol natal.
Accalomnie : brève pause de la méchanceté.
Agendarme : carnet gifleur où vous inscrivez les choses à faire et les devoirs et qui vous donne une claque chaque fois que vous n'êtes pas

en règle. Dans les lycées pilotes, les agendarmes remplacent désormais les traditionnels cahiers de textes.
Brigoler : éclater de rire en plantant un clou.
Pour les enfants, on pourra donc définir le mot-valise comme un mot formé par deux mots différents possédant une syllabe commune située au cœur du mot nouveau.

Avant de laisser les enfants donner libre cours à leur inspiration, on pourra leur demander de définir ces quelques mots : une institutriste, un chamoine, un dragong, une galermite, la politrique, un médicamenteur, une infirmisère, un opératé, l'obéiscience,…

Masculin-féminine

Christiane Rochefort, à qui l'on demandait ce qui avait pu la destiner à être écrivain, répondit : « Rien. Comment, étant une fille, aurai-je pu seulement imaginer que je pourrais être quelque chose qui n'a même pas de féminin ! » Aussi, avec sa sœur Rachel, imagina-t-elle une liste très curieuse de couples masculin/féminin :

l'écrivain, l'écrevisse
le tas, la tasse
le mal, la malle
le pois, la poisse
le gaz, la gazelle
le fric, l'Afrique…

CHRISTIANE ROCHEFORT,
Ma vie revue et corrigée par l'auteur :
à partir d'entretiens avec Maurice Chavardès,
Stock.

Aux enfants d'imaginer la leur !

Cadavre exquis

Ce jeu a été inventé par les surréalistes, artistes du xxe siècle qui privilégient la fantaisie, la drôlerie, l'abandon aux images du rêve et qui refusent toutes les contraintes logiques d'écriture. Ils veulent écrire comme on rêve, la nuit, sans aucun contrôle conscient. C'est vers 1925 que ce jeu fut inventé dans la maison du 45, rue du château, où habitaient Marcel Duhamel, Jacques Prévert et Yves Tanguy.

Pour écrire ce genre de poème, il faut se mettre à plusieurs. Sur une feuille de papier pliée en accordéon, chacun écrit une partie de phrase sans connaître ce qui a été écrit précédemment. Il faut évidemment décider au départ de la structure de la phrase afin d'assurer une cohérence linguistique au texte (nom + verbe ou nom + verbe + nom — le verbe doit avoir un complément direct — ou nom + adjectif + verbe,...), ou demander à chaque joueur d'imposer une consigne au joueur suivant (écrire une préposition + un nom, écrire un adjectif au féminin pluriel,...).
Dans un second temps, on assemble les phrases produites et on compose un poème unique par le montage des séquences qui paraissent les plus intéressantes.
C'est la première phrase obtenue de cette manière qui a donné son nom au jeu :

Le cadavre exquis boira le vin nouveau.

Il existe des variantes de ce jeu.
La première consiste à écrire un nom pour le premier joueur et à demander au deuxième joueur de compléter la phrase en répondant à la question « c'est quoi ? ». Commencer par « c'est... »

Exemples : Un œil, c'est une hirondelle qui s'enfuit.
Un poète, c'est un surpenant petit oiseau.

La seconde variante consiste à énoncer d'abord une condition, puis à faire compléter la phrase par une proposition au conditionnel (là aussi, bien sûr, en ignorant la condition de départ).

Exemples : Si tu avais des lunettes, je me lèverais de bon matin.
Si je savais peindre, nous partirions en croisière sur la rivière Kim-Koum.

Pour ses variantes, on assemblera également les phrases produites et on laissera les enfants composer leur poème unique par le montage des séquences qui leur paraîtront les plus intéressantes.

Anagramme

Une anagramme consiste à créer un mot (ou une phrase) à partir des lettres d'un autre mot (ou d'une autre phrase). Attention, s'il ne faut employer que les lettres du mot de départ, il faut aussi toutes les employer !

Ce petit jeu permettra par exemple aux enfants de se créer un pseudonyme, un « nom d'artiste », pour signer leurs poésies (à la manière de Boris Vian qui s'amusait à signer son courrier *Bison ravi* ou *Brisavion*).

« *Les jeux des enfants ne sont pas des jeux, et il faut les juger en eux comme leurs plus sérieuses actions.* »

MONTAIGNE,
Essais.

Index

Index

Index

Index

Index

Index

Index

Imprimé en France par I.M.E. - 25110 Baume-les-Dames
Dépôt légal n° 25477-08/2002
Collection n° 03 - Édition n° 06
11/6145/4